WISSENSCHAFTLICHE BEITRÄGE
AUS DEM TECTUM VERLAG
Reihe Medienwissenschaften

WISSENSCHAFTLICHE BEITRÄGE
AUS DEM TECTUM VERLAG

Reihe Medienwissenschaften

Band 17

Anna-Caterina Walk

Das *Andere* im Tatort

Migration und Integration im Fernsehkrimi

Tectum Verlag

Anna-Caterina Walk

Das *Andere* im Tatort.
Migration und Integration im Fernsehkrimi

Wissenschaftliche Beiträge aus dem Tectum Verlag:
Reihe: Medienwissenschaften; Bd. 17

ISBN: 978-3-8288-2593-2

ISSN: 1861-7530

Umschlagabbildung: © velusariot | iStockphoto.de
Umschlaggestaltung: Heike Amthor | Tectum Verlag

Besuchen Sie uns im Internet
www.tectum-verlag.de

Bibliografische Informationen der Deutschen Nationalbibliothek
Die Deutsche Nationalbibliothek verzeichnet diese Publikation in der Deutschen Nationalbibliografie; detaillierte bibliografische Angaben sind im Internet über http://dnb.ddb.de abrufbar.

Vorwort

In einem sich ständig erweiternden Europa, in dem die Grenzen mehr und mehr verschwinden, gilt es gleichwohl zu beachten, wie die Mehrheitsgesellschaft mit ihren ethnischen Minderheiten umgeht. Nicht nur diese Fragestellung, sondern das Andere auch in seinen zahlreichen und facettenreichen Ausprägungen ist hier gleichfalls mit der gebotenen Ernsthaftigkeit zu hinterfragen.
Wenn sich dann eine der erfolgreichsten Fernsehserien im deutschen Fernsehen, die TV-Krimireihe ‚Tatort' mit rd. 8 Mio. RezipientInnen am Sonntagabend, gleich in mehreren Produktionen solchen Fragestellungen widmet, ist es geboten mit wissenschaftlichen Methoden diese Thematik zu untersuchen. Wie erfolgt hier die Repräsentation und Konstruktion des Anderen? Dies wird im Rahmen einer Medienanalyse untersucht. Der ‚Tatort' als ‚Schule der Nation', wie er mitunter in den Medien genannt wird, ist hier deshalb zum Untersuchungsgegenstand geworden. Die Anregung dazu erfolgte in einem Seminar von Frau Prof. Dr. Brigitte Hipfl zum Thema ‚Das Andere in den Medien' im Sommersemester 2008 an der Alpen-Adria Universität Klagenfurt, welcher an dieser Stelle für ihre Betreuung herzlich gedankt wird.

Anna-Caterina Walk

Inhalt

1. Einführung 9
   1.1 Erörterung der Thematik 10
   1.2 Fragestellung und Relevanz 11
   1.3 Theoretischer Rahmen 13
   1.4 Methodische Vorgehensweise der Untersuchung 16
2. Cultural Studies und Medienanalyse des ‚Tatort' 21
3. Das Andere in den Medien 25
   3.1 Verschiedene Konzepte des Anderen 25
3.1.1 Wer bin ich – *die Frage nach ‚Identität'* 25
3.1.2 Ich und das Andere 29
3.1.3 Ordnung halten – *Das Konzept der Reinheit* 30
3.1.4 Ich bin ich, weil ich nicht du bin – *Ansatz der Differenz* 32
3.1.5 Konstruktion von Rasse 34
3.1.6 Das Andere – *Geschlecht* 35
3.1.7 Stereotype und Vorurteile 37
3.1.8 Von Gastarbeitern und Touristen 38
3.1.9 Konzept der Intersektionalität 39
   3.2 Forschungsstand zur Repräsentation des Anderen 40
4. Krimireihe ‚Tatort' 47
   4.1 Kleine Einführung in den ‚Tatort' 47
   4.2 Erfolgreichste Krimireihe im deutschen Fernsehen 50
5. Relevante Tatortfolgen 53
   5.1 Begründete Folgenauswahl 53
   5.2 ‚Wem Ehre gebührt' 53
   5.3 ‚Baum der Erlösung' 55
   5.4 ‚Familienaufstellung' 56
6. Untersuchung zur Repräsentation und Konstruktion des Anderen 59
   6.1 Positionierung der Untersuchung 59
   6.2 Untersuchungsvorgang 59
   6.3 Medienanalyse ausgewählter Folgen 60
6.3.1 ‚Wem Ehre gebührt' 60
6.3.2 ‚Baum der Erlösung' 71
6.3.3 ‚Familienaufstellung' 80
7. Untersuchungsergebnisse: 89
   7.1 Ergebnisse der untersuchten Tatortfolgen 89
7.1.1 ‚Wem Ehre gebührt' 89
7.1.2 ‚Baum der Erlösung' 91
7.1.3 ‚Familienaufstellung' 94

7.2 Gegenüberstellung und Evaluation der Ergebnisse 97
8. Fazit 101
9. Schlussbetrachtung 105
10. Literatur 107
11. Anhang 115

1. Einführung

Die vorliegende Arbeit beschäftigt sich mit dem Anderen speziell in der Fernseh-Krimireihe ‚Tatort'. Mit durchschnittlich acht Millionen ZuschauerInnen, die den TatortkommissarInnen bei ihren Ermittlungen zusehen, hat sich diese Krimireihe für diese Untersuchung auch deshalb angeboten, da seit den Anfängen der Reihe im Jahr 1970, bereits über 800 Folgen produziert und ausgestrahlt wurden. Der ‚Tatort' wird in den Medien auch schon vielfach als ‚Schule der Nation' bezeichnet. Kaum eine andere Fernsehsendung hat so viele RezipientInnen.

Um einführend einen Überblick über die vorliegende Untersuchung zu geben, werden einige Schwerpunkte vorgestellt.
In Kapitel 1 werden Fragestellung und Thematik eingehend erörtert und der theoretische Rahmen – den hier die Cultural Studies bilden – sowie die methodische Vorgehensweise ausführlich diskutiert, bevor dann in Kapitel 2 die Bedeutung der Cultural Studies für die Medienanalyse des ‚Tatort' vertiefend dargelegt wird.
Kapitel 3 beschäftigt sich dann mit theoretischen Konzeptionen und Ansätzen bezüglich der Bedeutung und der Konstruktion des Anderen.
Es werden daher die ‚Frage nach Identität', ‚Das Konzept der Reinheit', ‚Das Andere- Geschlecht' sowie ‚Stereotype und Vorurteile' diskutiert. Anschließend erfolgt ein Überblick über den derzeitigen Forschungsstand zur Thematik. In Kapitel 4 wird die Krimireihe ‚Tatort' selbst vorgestellt, um die Relevanz dieser „erfolgreichsten Krimireihe im deutschen Fernsehen"[1] hervorzuheben.
In Kapitel 5 wird in die Inhalte der ausgewählten Tatortfolgen eingeführt. Die Positionierung dieser Untersuchung und der gewählte Untersuchungsvorgang werden dann zu Beginn des Kapitels 6 vorgestellt, bevor die konkrete Medienanalyse selbst durchgeführt wird.
Die Ergebnisse dieser Medienanalyse werden in Kapitel 7 dargelegt und evaluiert. Ein Fazit aus dieser Untersuchung wird in Kapitel 8 gezogen. In der Schlussbetrachtung werden dann die Ergebnisse eingeordnet und der Untersuchungsgegenstand abschließend diskutiert.

---

1 Vgl. Kapitel 4.2.

1.1 Erörterung der Thematik

> „Der Blick auf die Erde vom Weltall, macht einem erst einmal klar, dass wir *alle* ein Teil dieser Welt sind und die Grenzen, die auf unseren Landkarten eingezeichnet sind, nur in unserem Kopf ent- und bestehen.“[2]

Nach Bauman gibt es eine kognitive, moralische und ästhetische Weltkarte.[3] Er spricht von „(…) Grenzlinien, die diese Gesellschaft als unverzichtbar für ihr geordnetes und/oder sinnvolles Leben erachtet (…)“.[4] Diese Grenzlinien bringen die Differenz zwischen ‚wir‘ und ‚die‘ hervor, welche für Identität konstituierend ist.

Veränderungen in der Gesellschaft, eine globalisierte Welt und die Krise der Identität bringen Fragen nach dem Anderen mit sich. Was ist das Andere überhaupt?

Es geht heute auch darum, inwieweit Fernsehen ein Ort des Dialoges sein kann. Fühlen sich bspw. die ethnischen Minderheiten in der Mehrheitsgesellschaft genügend repräsentiert? Werden sie überhaupt repräsentiert? In welcher Art und Weise werden sie repräsentiert?

Wie werden sie in den Medien dargestellt, eher als Stereotype oder sind von der Realität losgelöste Vorurteile? Das Andere ist ein ambivalentes Thema. Einerseits fasziniert[5] uns das Andere, andererseits fürchten wir uns vor ihm.[6] Es gibt inzwischen zahlreiche Filme über das Andere sowie Ausstellungen[7].

Heißt es nun Gaststätte oder Fremdenzimmer? Es geht auch um Gastarbeiter, die dann doch hierbleiben und deren Kinder dann als ‚Deutsche mit Migrationshintergrund‘ bezeichnet werden. Wo ist der Unterschied? Wann wollen wir den Anderen und wann stört er uns? Wann ist er positiv

---

2 Ulrich Walter, Astronaut und Physiker, bei einem Gespräch mit Harald Lesch in der Fernsehsendung: ‚Lange Nacht mit Harald Lesch‘ vom 20.07.2009, ausgestrahlt im ZDF.

3 Vgl. Bauman, 1999, S.35.

4 Bauman, 1999, S.35.

5 Vgl. Hall, 2004, S.116.

6 Vgl. Kretzschmar, 2002, S.334-340.

7 Bspw. Ausstellung ‚Die wahren Orte‘ Alexander Ochs Galleries, Berlin; Bilder vom Anderen in Deutschland und Frankreich seit 1870, Deutsches Historisches Museum Berlin; ‚X Capitals Europa – Über die Bereicherung durch das Fremde‘, Auswärtiges Amt, Berlin; ‚Der Fremde im Blick‘, Museum der Kulturen, Basel; ‚Jeder ist ein Fremder- fast überall‘, Stadtmuseum Erlangen, Erlangen.

besetzt und wann negativ? Diese und weitere Fragen kommen auf, wenn man sich mit dem Anderen beschäftigt und gerade diese Fragen machen auch auf die Auseinandersetzung mit der Thematik ‚das Andere' neugierig.
Es ist zu diskutieren, welche Relevanz das Andere für Identität besitzt. Deshalb muss in diesem Zusammenhang auch auf die Bedeutung von ‚Identität' eingegangen werden.
Das Thema dieser Arbeit entstand aus einer Anregung in einem Seminar.[8] Für die Untersuchung wurde die deutschsprachige Krimireihe ‚Tatort' ausgesucht, von der seit der Erstausstrahlung 1970 bereits 802 Folgen (Stand: 07.02.2011) produziert wurden. Gesendet und produziert wird die Krimireihe vornehmlich von der ARD. Der ORF hat bereits ebenfalls 13 Folgen produziert.
Es ist aus unterschiedlichen Gründen interessant, einzelne Folgen des ‚Tatort' zu untersuchen. Mit seinen durchschnittlich ca. 8 Mio ZuseherInnen erreicht der ‚Tatort' ca. 20-22% Marktanteil. Das Besondere hierbei ist, dass die einzelnen Rundfunkanstalten der ARD jeweils für ihr Sendegebiet zuständig sind. Es gehört auch zum Konzept der Reihe, dass die jeweiligen regionalen Besonderheiten in die Handlungen mit eingearbeitet werden. Daher scheint sich der ‚Tatort' als Objekt für diese Untersuchung besonders zu eignen.

1.2 Fragestellung und Relevanz

„Wer oft ‚Tatort' guckt, wird ein guter Deutscher"[9]

Das Andere steckt in jedem von uns[10] und es begegnet uns überall. Gerade in Migrations- und den daraus resultierenden Integrationsfragen[11] erscheint die Frage nach dem Anderen sehr interessant. Was wird als das Andere repräsentiert und wie wird es konstruiert?[12] Doch nicht nur MigrantInnen können das Andere sein, sondern jedes Mitglied der Gesell-

---

8 Anm.: Es handelt sich um das Seminar ‚Das Andere in den Medien', welches im Sommersemester 2008 an der Alpe-Adria Universität in Klagenfurt unter der Leitung von Ao.Univ.-Prof. Dr. Brigitte Hipfl durchgeführt wurde.

9 "Wer oft Tatort guckt, wird ein guter Deutscher" (2009). In: Berliner Morgenpost, 3.5.2009.
Online verfügbar unter:
http://www.morgenpost.de/printarchiv/kultur/article1084678/Wer_oft_Tatort_guckt_wird_ein_guter_Deutscher.html.

10 Vgl. Hipfl, 2004, S.37; Hall, 1994d, S.73.

11 Vgl. Ortner, 2007; Bonfadelli/Moser, 2007.

12 Vgl. Ortner, 2007.

schaft. Es wird daher anhand dieser bedeutenden[13] TV-Krimireihe ‚Tatort' vergleichend untersucht, wie das Andere jeweils konstruiert wird.
In welcher Art stellt sich die Repräsentation dar? Werden den RezipientInnen sogar neue Wege aufgezeigt, sich in der Gesellschaft zu bewegen? Kann diese Krimireihe auch Werte vermitteln? Wird das Andere in der Krimireihe sogar so dargestellt, dass es evtl. nicht den Vorstellungen der RezipientInnen entspricht? Könnten hiermit neue Konzepte des Anderen vermittelt werden? Oder wird das Andere tatsächlich nur konstruiert und repräsentiert und hat die Krimireihe dadurch keinen wertevermittelnden sondern nur einen werteabbildenden Charakter?
Diese Fragestellungen leiten durch die Untersuchung drei ausgewählter Tatortfolgen.

Merz-Benz/Wagner fordern zu einer Aufnahme des Diskurses über das Andere auf, welcher mit dieser Arbeit nachgegangen wird.[14]
Die Krimireihe ‚Tatort' will eine besonders realitätsnahe Konzeption verfolgen, worauf noch näher in Kapitel 4 eingegangen wird.
Wie wirkt sich diese Konzeption auf die Repräsentation des Anderen aus? Könnte dies zur Folge haben, dass die Darstellung und Konstruktion des Anderen – so weit sie auch von der Realität entfernt sein mag – deswegen besonders realistisch wirkt?
Wird der ‚Realitätseffekt' der Krimireihe genutzt, um Bilder des Anderen ins Positive zu verändern? Auch wenn diese Fragen nicht vordergründig bearbeitet werden, sollten sie nicht unbeachtet bleiben.
Es wird in dieser Untersuchung auch darum gehen, zu zeigen, *wie* das Andere konstruiert wird und welche Bedeutungen ihm zukommen (können).[15]

Die durch die vorliegende Arbeit leitende Forschungsfrage lautet:

Was wird in der Krimireihe ‚Tatort' als das Andere repräsentiert und wie wird es konstruiert?

Die Forschungsfrage ist so gewählt, dass ein möglichst großer Raum für Erkenntnisse offen gehalten wird.
Es sind noch weitere Fragen zu berücksichtigen, die in ihrer Konkretheit zusätzliche, wichtige Aspekte für die Beantwortung der Forschungsfrage liefern:

---

13 Vgl. Bollhöfer, 2007; S.18, Zubayr/Gerhard, 2009.

14 Vgl. Merz-Benz/Wagner, 2002, S.37.

15 Um festzustellen, welche Bedeutungen entstehen, ist es notwendig, eine Rezeptionsforschung durchzuführen.

- Welche Bedeutungen werden den RezipientInnen nahegelegt und mit welchen Mitteln werden diese konstruiert?
- Welche Stereotype werden vermittelt?
- Welche binären Formen der Repräsentation werden verwendet?
- Welche ist die hegemoniale Lesart?
- Inwieweit hängen Repräsentation, Differenz und Macht zusammen?[16]
- Welche Differenzkonstruktionen werden aufgezeigt und welche Rolle spielen diese? Inwieweit sind diese Differenzkonstruktionen wichtig?
- Was wird als ‚natürlich' dargestellt?
- Was wird nicht thematisiert und was fehlt infolge dessen?
- Wird der gesellschaftliche Diskurs *dargestellt* oder lädt das Medienbeispiel zu neuen Ansichten ein, bricht es vielleicht sogar mit Stereotypen?

1.3 Theoretischer Rahmen

Die vorliegende Arbeit wird innerhalb der Cultural Studies verortet. Sie bilden den theoretischen Rahmen für die Untersuchung von ausgewählten Folgen aus der Krimireihe ‚Tatort'.
Aufgrund dessen folgt hier ein Einblick in die Cultural Studies.[17]

Der Begriff *Cultural Studies* wurde eingehend von den beiden Vorsitzenden des CCCS[18], des Centers for Contemporary Cultural Studies, in Birmingham geprägt: Stuart Hall und sein Nachfolger Richard Johnson.

Hall setzt von Beginn der Forschung des CCCS den Schwerpunkt auf die inter- bzw. multidisziplinäre Untersuchung verschiedener Kulturen.
Johnson hingegen widmet sich von unterschiedlichen Ausgangspunkten der Cultural Studies speziell den Untersuchungsobjekten. Wie lässt sich der Forschungsgegenstand also bestimmen?
Johnson kommt zu dem Schluss, Cultural Studies seien ein „Projekt dessen Definition zwangsläufig Probleme bereitet, weil es immer wieder neu

16 Vgl. Hall, 2004.

17 Für einen weiterreichenden Einblick in die Cultural Studies ist u.a. folgende Literatur zu empfehlen: Vgl. Bromley et al., 1999;Göttlich 2001; Winter, 2006; Winter, 2007.

18 Das CCCS wurde 1964 von Richard Hoggart gegründet, der auch der erste Direktor war.

und anders begonnen wird und am ehesten als Kritik zu begreifen ist, die sich an gesellschaftlichen Ungleichheiten orientiert."[19]
Was Johnson mit „Ungleichheiten" meint, erläutert er selbst indem er sagt, dass die Cultural Studies u.a. stark vom Marxismus geprägt worden sind. Die „gesellschaftlichen Ungleichheiten" resultieren in diesem Fall aus der Annahme, dass „(...) [die] kulturellen Prozesse eng mit gesellschaftlichen Verhältnissen zusammenhängen"[20]. Und dies kann wiederum dazu führen, dass bestimmte Strukturen herrschen (können), die zu „Abhängigkeit und Unterdrückung"[21], also auch zu Ungleichheiten, führen. Johnson unterscheidet in noch zwei weitere Forschungsfelder der Cultural Studies: die textorientierte und die Alltagskulturforschung. Er bezeichnet Alltagskulturleben als Populärkultur und definiert diese als „ (...) die Kultur des ‚Volkes' (the people) unter besonderer Berücksichtigung ihrer politischen Formen (...)".[22] Es wird in Kapitel 2 noch genauer auf den Begriff und die Bedeutung der ‚Populärkultur' eingegangen.

Grossberg führt an, dass eine Definition der Cultural Studies scheitern *muss,* da eine Definition Grenzen setzt und dies genau den Cultural Studies widerspricht.[23] Man kann die Cultural Studies aber als eine Art Disziplin der Kontextualität bezeichnen. Außerdem lässt sich der Rahmen, den die Cultural Studies bilden, beschreiben.
Die Cultural Studies untersuchen inter- und multidisziplinär verschiedene Kulturen. Sie gehen davon aus, dass ein Ereignis oder Text niemals ohne Kontext steht, d.h., dass der Kontext nicht nur der bloße Hintergrund ist, sondern die Bedingung dafür, dass etwas möglich wird.[24]
Doch wenn keine Definition möglich ist, so muss doch wenigstens ein „Kernverständnis"[25] der Cultural Studies ausgemacht werden, das grenzübergreifend der verschiedenen Disziplinen und Forschungsfelder gilt, damit den Cultural Studies überhaupt ein Projektcharakter zuzusprechen ist.
Dieses Kernverständnis macht Hepp in der Kontextualität, einem besonderen Theorieverständnis, der Wissensproduktion, der Selbstreflexion und einem primären Gegenstandsbereich aus.[26] Demnach müssen For-

---

19 Johnson, 1999, S.139.

20 Johnson, 1999, S.141.

21 Johnson, 1999, S.142.

22 Johnson, 1999, S.140.

23 Vgl. Grossberg, 1999.

24 Vgl. Grossberg, 1999.

25 Hepp, 2003, S.10.

26 Vgl. Hepp, 2003, S.10-11.

schungsarbeiten, die sich den Cultural Studies verschrieben haben, die „(…)Probleme und Gegenstände (…) immer historisch-spezifisch (…) betrachten“.[27]
Von diesem Kontextualismus muss auch das Theorieverständnis, der Logik folgend, immer in Bezug auf den Kontext passen und darf nie einfach aus einem Kontext in einen anderen übertragen werden. Es geht darum, ein kritisches Wissen zu produzieren, welches Veränderungen der Diskurse und damit der Strukturen ermöglicht. Das primäre Untersuchungsobjekt sind daher die Kultur, bzw. die kulturellen Praktiken, in der sich auch das Machtgefüge niederschlägt.[28]

Wenn Hepp von dem ‚Untersuchungsobjekt Kultur‘ spricht, ist hier zwangsläufig zu klären, was denn die Cultural Studies unter Kultur verstehen.
„Die neu entstandene Perspektive auf die kulturelle Entwicklung sollte die Kultur als zusammengehörigen Prozess ‚a whole way of life‘[29] begreifbar machen und die im Alltag gelebte Erfahrung ausdrücklich einschließen. Dieser sogenannte Kulturalismus forderte daraufhin, alle Bedeutung hervorbringenden Prozesse mit derselben Ernsthaftigkeit, wie die Formen der Hochkultur zu analysieren und somit die Unterscheidung von ‚hoher‘ und ‚niederer‘ Kultur aufzugeben“.[30]

Neben dem Aspekt der im Alltag gelebten Erfahrung kommt bei dem Kulturbegriff der Cultural Studies noch die politische Perspektive hinzu: "(…) Unter Kultur [werden] sowohl die kulturellen Praktiken als auch die Produkte gefaßt, die kontextuell, d.h. in je besonderen gelebten Umfeldern, verfügbar sind. Ein sozialer Kontext impliziert Machtverhältnisse, die ihm seine Einheit und jeweilige Gestalt verleihen. Deshalb ist Kultur ein Feld sozialer Ungleichheit, auf dem um Macht gekämpft und gerungen wird. Damit ist eine spezifische Perspektive vorgegeben, die von vielen Vertretern der Cultural Studies als eine politische begriffen wird. "[31]

---

27 Hepp, 2003, S.10.

28 Vgl. Hepp, 2003, S.10.

29 Anmerkung: E.P. Thompson kritisiert bei der Rezension von Williams ‚whole way of life‘-Ansatz, dass dieser Ansatz für ein „umfassendes Verständnis von Kultur ungeeignet (…) [sei], weil (…) [er] gerade kulturelle Differenzen und Konflikte nicht zu berücksichtigen vermag“ und schlägt als Alternative „whole way of conflict“ vor. (Hepp/Winter, 2003, S.15).

30 http://www2.tu-berlin.de/~soziologie/cs/basis.htm, 18.3.2009.

31 Winter ,1997, S. 47.

Nachdem das Kernverständnis und der Kulturbegriff der Cultural Studies umschrieben wurden, drängt sich die Frage auf, welche Methoden sich anbieten, um die kulturellen Praktiken innerhalb der Cultural Studies analysierbar zu machen. Dabei muss betont werden, dass die Methoden und Vorgehensweisen in den Cultural Studies in keiner Weise kodifiziert werden dürfen, da sonst gegen einige der prägnantesten Eigenschaften verstoßen wird, die die Cultural Studies auszeichnen[32]:
„Offenheit und theoretische Vielseitigkeit, reflexive, wenn nicht gar befangene Haltung und vor allem der kritische Impetus."[33]
Die Frage nach Methoden in den Cultural Studies kann an dieser Stelle aber nicht weiter beantwortet werden, da dies zu weit führen würde und auch nicht zweckmäßig scheint.[34] Es wird im folgenden Abschnitt 1.4. jedoch kurz auf das Methodenverständnis der Cultural Studies eingegangen und die methodische Vorgehensweise vorgestellt, wie sie bei der Untersuchung der Tatortfolgen angewandt wird.

1.4 Methodische Vorgehensweise der Untersuchung

Der Umstand, dass es in den Cultural Studies nicht *die*[35] Methode gibt, sollte nicht zu dem Trugschluss führen, es gäbe generell keine Methoden in den Cultural Studies. Auch in diesem Rahmen braucht es Methoden, um die Forschungsgegenstände untersuchbar zu machen.
Wie in Kapitel 1.3. bereits ausgeführt, gibt es innerhalb der Cultural Studies ein besonderes Theorieverständnis, das „Phänomene der soziokulturellen Wirklichkeit als nicht jenseits von Theorie"[36] begreift und außerdem auch davon ausgeht, dass Theorien immer in ihrem jeweiligen Kontext gesehen werden müssen.

Bevor auf die methodische Vorgehensweise eingegangen wird, ist zunächst noch die Frage zu klären, inwieweit sich die Rezeption bei einer Medienanalyse von der bei einer Rezeptionsforschung unterscheidet. Denn um ein Medium analysieren zu können, ist auch hier der Vorgang der Rezeption unumgänglich. Mikos sagt dazu, dass die Rezeption bei einer Medienanalyse von einem besonderen Erkenntnisinteresse geleitet

32 Vgl. Johnson, 1999, S.140.

33 Johnson, 1999, S.140.

34 An dieser Stelle zu empfehlende Literatur: McGuigan, 1997.

35 Vgl. McGuigan, 1997.

36 Hepp, 2003, S.11.

werde und dies den Unterschied mache von einer ‚normalen' Rezeption.[37]
Er sagt selbst: „Während in der Rezeptionssituation der Film oder die Fernsehsendung die Aktivitäten der Zuschauer vorstrukturiert, strukturieren in der Analysesituation die Wissenschaftler die Analyseaktivitäten vor, mit denen der Film- oder Fernsehtext untersucht wird."[38]
Die methodische Vorgehensweise dieser Untersuchung orientiert sich an Mikos[39], der in ‚Film-und Fernsehanalyse' 14 Arbeitsschritte aufstellt, um einen Film oder eine Fernsehsendung zu analysieren.
Es wird beim 9. Arbeitsschritt „Beschreibung der Datenbasis"[40] eingesetzt. In diesem Arbeitsschritt werden die Filme oder Fernsehsendungen in Worte gefasst. Dabei ist darauf zu achten, dass das Erkenntnisinteresse die Beschreibung leitet und noch keine Interpretation des Inhalts erfolgt. Für die Untersuchung bedeutet dies, dass eine Beschreibung der Tatortfolgen vorgenommen wird, die das Hauptaugenmerk auf das Andere richtet und besonders die Elemente hervorhebt, in denen das Andere eine Relevanz besitzt. Dieser Schritt erfolgt in Kapitel 5 in Form von Inhaltsangaben.
Als nächster Arbeitsschritt folgt die Datenanalyse. In der Untersuchung des ‚Tatort' wird jeweils eine Folge in seine „strukturellen Komponenten"[41] zerlegt. Zuerst wird die komplette Folge gesichtet, um sie im Anschluss in Einzelbilder, Szenen, Handlungseinheiten oder Sequenzen unter- und einzuteilen.[42] Dabei wird es immer darauf ankommen, eine sinnvolle Unterteilung zugleich in Bezug zu der Repräsentation und Konstruktion des Anderen vorzunehmen. Dieser Arbeitsschritt erfolgt in dieser Untersuchung in Kapitel 6.
Mikos schlägt als weitere Arbeitsschritte die Auswertung, eine erste und eine zweite Evaluation und dann zum Schluss die Präsentation der Ergebnisse vor. Unter ‚Auswertung' versteht Mikos die Interpretation der Analyseergebnisse in Bezug auf das Erkenntnisinteresse. Es folgt mit der ersten Evaluation eine analytische Bewertung der Ergebnisse in Bezug auf den Forschungsstand und die Theorie. In einer zweiten Evaluation wird die Arbeit insgesamt reflektiert und die Vorgehensweise sowie die identifizierten Ergebnisse werden kritisch hinterfragt. Hier findet schon

[37] Vgl. Mikos, 2008, S.77.

[38] Mikos, 2008, S.77.

[39] Mikos, 2008.

[40] Mikos, 2008, S.90.

[41] Mikos, 2008, S.93.

[42] Vgl. Mikos, 2008, S.91-93.

eine erste Bewertung statt. Die Präsentation der Ergebnisse erfolgt dann in dem Rahmen dieser Arbeit in Kapitel 7 und 8.

Nachdem nun die einzelnen Arbeitsschritte vorgestellt wurden, ist noch die Datenanalyse zu erörtern. Hierfür könnte sich auch eine Rezeptionsstudie statt einer Medienanalyse anbieten. Im Rahmen dieser Untersuchung wurde jedoch der Medienanalyse der Vorzug gegeben, da bei dieser untersucht wird, welche Angebote von den Medien gemacht werden. In einem zweiten Schritt bietet es sich dann an zu untersuchen, welche Bedeutungen *durch* die Rezeption und vor allem auch *in* der Rezeption entstehen.
Es ließen sich an dieser Stelle auch Argumente für eine Herangehensweise finden, die zuerst für eine Rezeptionsforschung plädieren, jedoch fiel die Entscheidung aus o.g. Gründen auf die Durchführung einer Medianalyse.

Bei einer Medienanalyse wird u.a. auch untersucht, wie die medialen Angebote insgesamt strukturiert sind.
Hall legt dar, „(...) daß mediale Botschaften immer polysem strukturiert sind, ein Gesichtspunkt, der für die Medienforschung der Cultural Studies wegweisend wurde. Texte können immer anders interpretiert werden, was nicht bedeutet, dass sie gänzlich offen sind(...)"[43]
Als Folgerung dieser Feststellung der Polysemie von Texten, entwickelte Hall drei Lesarten, aus deren Positionen mediale Texte gelesen werden können. Es erscheint logisch von Hall, die Lesarten, von der grundlegenden Annahme der Polysemie ausgehend, zu entwickeln. Hall geht in seinem Text über das ‚Kodieren/Dekodieren‘[44] von den Bedeutungen folgender drei Lesarten aus:
1. Die dominant-hegemoniale Lesart, 2. die ausgehandelte Lesart und 3. die oppositionelle Lesart.[45] Diese Lesarten sind als Positionen zu verstehen, von denen aus die RezipientInnen einen Text decodieren. Winter fasst die Lesarten nach Hall sehr treffend und kompakt folgendermaßen zusammen:

> „1. Die Vorzuglesart eines medialen Textes liegt dann vor, wenn die Zuschauer die konnotative Bedeutung eines medialen Textes, z.B. einer Nachrichtensendung, voll und ganz übernehmen. Die Botschaft wird dann in im Sinne des Referenzcodes, mit dem sie codiert wurde, auch decodiert, der Zuschauer ist innerhalb der dominanten Ideologien, die durch den medialen Text artikuliert werden, positioniert. (...) 2. Bei der 'ausgehandelten Lesart' akzeptieren die

43 Winter, 1997, S.51.

44 Vgl. Hall, 1999.

45 Vgl. Hall, 1999, S.107-110.

> Zuschauer grundsätzlich die dominanten Definitionen von Situationen und Ereignissen, die diese in größere Zusammenhänge, nationale oder globale Problemlagen einordnen.
> Der Zuschauer in dieser Position übernimmt also nicht einfach die in der Vorzugslesart codierte Bedeutung, sondern konstruiert in der Interaktion mit dem Text mittels seiner eigenen sozialen und lokalen Sinnsysteme aktiv eine Bedeutung. (...) 3. Die oppositionelle Lesart liegt also dann vor, wenn der Zuschauer die Vorzugslesart eines medialen Textes versteht, sie aber gänzlich ablehnt, da er die Botschaft im Rahmen eines alternativen Bezugsrahmens interpretiert. Diese Position wird insbesondere von Zuschauern eingenommen, die sich in direkter Opposition zum hegemonialen Code befinden."[46]

Die stringente Unterteilung von Hall in diese drei Lesarten hat jedoch einen eher theoretischen Hintergrund. Hall will damit für analytische Zwecke Positionen anbieten, die bei einer genauen Untersuchung von medialen Texten dann eine wichtige Rolle spielen. Damit lässt sich zeigen, dass die RezipientInnen der Hegemonie nicht ‚ausgeliefert‘ sind, sondern die Möglichkeit haben, den Text auf verschiedene Arten zu lesen: „Fiske (1987, S.64ff.) begrüßt an Halls Modell, daß er Fernsehtexte nicht als geschlossen und damit nicht in erster Linie als den Zuschauer ideologisch manipulierbar begreift, wie es in semiotischen Analysen des Fernsehens oft getan wurde. Stattdessen wende er sich dem Zuschauer und seiner gesellschaftlichen Situation zu, der in der Regel Bedeutungen produziere, in dem er die von der dominanten Ideologie nahegelegten Bedeutungen, die Lücken und Widersprüche von medialen Texten ausnutzend, moduliere."[47]

Es geht in den Cultural Studies außerdem darum aufzeigen, wie etwas als selbstverständlich und natürlich hergestellt wird. Morley verwendet den Begriff der „Entselbstverständlichung“[48]. Er geht damit auf den Vorwurf der Banalität der Cultural Studies ein, und darauf, dass sie nur untersuchen würden, was sowieso „selbstverständlich“[49] ist.
Morley versucht mit dem Begriff der „Entselbstverständlichung“ aufzuzeigen, dass alles, was selbstverständlich und natürlich scheint, das Ergebnis eines Prozesses ist. Selbstverständnis bedeutet auch, dass es keine Rechtfertigungen oder Begründungen für etwas geben muss, womit auch das kritische Hinterfragen vom ‚Selbstverständlichen‘ im Alltäglichen wegfällt. Damit soll deutlich gemacht werden, dass auch die Konstruktionen des Anderen in der Krimireihe ‚Tatort‘ als ‚natürlich‘ gelesen

46 Winter, 1997, S.50.

47 Winter, 1997, S.52.

48 Morley, 1999, S112.

49 Morley, 1999, S.112.

werden. Der Fokus liegt nun auf eben der ‚Entselbstverständlichung' und dem Sichtbarmachen und De-konstruieren des Anderen. Im Rahmen dieser Untersuchung sind die Lesarten nach Hall berücksichtigt. Es wird dann im Rahmen der Untersuchung in Kapitel 6 entwickelt, welche dominant-hegemoniale Lesart der Text[50] bereitstellt.

Im vorliegenden Kapitel wurde eine Einführung in die Thematik des Untersuchungsgegenstandes gegeben und zugleich der theoretische Rahmen, den hier die Cultural Studies bilden, erörtert. Zusätzlich wurde noch die angewandte methodische Vorgehensweise diskutiert, auf welche näher in Abschnitt 6.2 eingegangen wird.

50 Es wird in dieser Arbeit der Textbegriff der Cultural Studies verwendet, der wiederum auf Barthes (1984) zurückgeht und weggeht vom Textbegriff, der nur den rein geschrieben Text umfasst.

2. Cultural Studies und Medienanalyse des ,Tatort'

Im Nachstehenden wird dargelegt, warum die vorliegende Untersuchung mit dem Schwerpunkt einer Medienanalyse innerhalb der Cultural Studies angesiedelt wird bzw. warum sich die Cultural Studies sogar besonders anbieten, um eine Medienanalyse innerhalb derer durchzuführen.

Um den Zusammenhang zwischen Cultural Studies und Medienanalyse zu verdeutlichen, ist das Ziel der Cultural Studies genauer zu betrachten: "Das erklärte Ziel von Cultural Studies ist es, Texte im Kontext umfassender kultureller Praktiken und sozialer Machtbeziehungen zu betrachten, wie sie zum Beispiel[51] durch den Produktionskontext und die damit verbundenen ökonomischen Beziehungen bestimmt sind. Deshalb rücken die Spannungen von Text und Kontext ins Zentrum. Mediale Texte werden zu Momenten größerer kultureller Formationen."[52]
Winter führt also an, warum mediale Texte niemals für sich stehen (können) und immer kontextuell zu sehen, lesen und analysieren sind. Er verdeutlicht, warum mediale Texte, wie auch die medialen Texte der Tatortfolgen, durch die Aneignung des Textes und durch ihre Polysemie zu einem größeren kulturellen Element werden.

Um eine Begründung zu liefern, warum die Medienanalyse ausgewählter Folgen des ,Tatort' innerhalb der Cultural Studies anzusiedeln sein wird, wird eine Verbindung zwischen Populärkultur, Populärkultur als relevantes Untersuchungsobjekt in den Cultural Studies und dem ,Tatort' als Populärkultur hergestellt. Nicht nur aufgrund der sehr großen Anzahl von ,Tatort' - RezipientInnen, sondern auch wegen zahlreicher Fan-Seiten im Internet und dem Kult-Status, den der ,Tatort' inzwischen zugesprochen bekommt, kann er durchaus als *populär* bezeichnet werden. Auch bieten die Tatortfolgen einen Ort der Auseinandersetzung um Wirklichkeitsdefinitionen an, wie Hepp/Winter eine Begründung für die Relevanz von Populärkultur als Untersuchungsobjekt liefern[53], indem sie sagen, dass „(...) ,populäre Medien' auch Potenzial für eine produktive Lebensgestaltung bieten und damit Orte der *Auseinandersetzung* [Herv.i.O.] um Wirklichkeitsdefinitionen sind. Deswegen – und nicht wegen eines uni-

---

51 Winter führt die ökonomischen Beziehungen als Beispiel an. In einem anderen Text fordert er, zusammen mit Hepp, eine ,multiperspektivische Kritik', welche weiter unten in diesem Kapitel näher erläutert wird.

52 Winter, 2006a, S. 428.

53 Vgl. Hepp/Winter, 2006, S.11-12.

direktionalen Manipulationsgehalts[54] – sind ,populäre Medien' ein relevanter Gegenstand der Cultural Studies."[55]

Hepp/Winter fordern eine „multiperspektivische Kritik"[56], die weit mehr berücksichtigt als die ökonomischen Besitzverhältnisse. „Kritik ist aus unserer Perspektive immer dann zu üben, wenn Medienkommunikation dazu beiträgt, die Einflussmöglichkeiten (,agency') von Menschen auf eine Weise zu gestalten, die andere Handlungsfähigkeiten beschneidet. Dies kann Fragen von Rassismus betreffen, Ausgrenzungen im Bereich von Gender, ökonomische Fragen, aber auch vielfältigere Machtverhältnisse."[57] Sie fordern einen weitreichenderen Blick bei der Analyse von Medien als nur den auf die ökonomischen Besitzverhältnisse. „Schließlich geht es darum, den alltäglichen Umgang mit den verschiedenen Medien ernst zu nehmen und ihn als Feld sozialer Auseinandersetzungen zu begreifen"[58], so Mikos.
Es konnte gezeigt werden, dass Populärkultur ein relevantes Untersuchungsobjekt in den Cultural Studies ist. Um weiter zu beschreiben, warum der ,Tatort' ebenfalls der Populärkultur zuzuordnen ist, wird zusätzlich ein Kriterium von Winter/Mikos zur Hilfe genommen: „(...)will eine Sendung populär sein, so muss sie für die bei der Rezeption und Dekodierung des Textes eingesetzten unterschiedlichen diskursiven Praktiken und ideologischen Bezugssysteme der verschiedenen Subkulturen Raum bieten."[59] Mit Bollhöfer wird nun aufgezeigt, dass diese Kriterien auf den ,Tatort' zutreffen:

> "Der *Tatort* [Herv.i.O.] ist als über 600 Folgen umfassende Spielfilmreihe die wohl wichtigste Institution der deutschen Fernsehkultur. Und es ist gerade die Serialität, der der *Tatort* seine Alltäglichkeit verdankt und die sich auf Produktions-, Text- und Rezeptionsebene äußert: durch den festen Sendeplatz, der auch als sozialer Zeitgeber fungiert, durch die Erkennungsmelodie und den einheitlichen Trailer sowie durch die relative Konstanz an Ermittlern und Einsatzorten. Mit regelmäßig über 20 Prozent Marktanteil und durchschnittlich

---

54 Hepp/Winter weisen damit den Vorwurf zurück, Cultural Studies würden in ihren Arbeiten „(...) in Bezug auf Medienkommunikation davon aus[gehen], Menschen würden generell durch Medien ,manipuliert'(...)." Hepp/Winter, 2006, S.11.

55 Hepp/Winter, 2006, S.11.

56 Hepp/Winter, 2006, S.11.

57 Hepp/Winter, 2006, S.12.

58 Mikos, 2001. S.337.

59 Winter/Mikos, 2001, S. 97

rund acht Millionen Zuschauern ist die Krimireihe seit Jahren die beliebteste Fernsehsendung Deutschlands."[60]

Es lässt sich also nicht abstreiten, dass dem ‚Tatort‘ als beliebtester deutscher Fernsehsendung[61] der Begriff ‚populär‘ zuzuordnen ist und dass daher davon ausgegangen werden kann, dass sie die oben genannten Kriterien erfüllt. Dies ist eine Schlussfolgerung, wenn das Anlegen der Kriterien von Mikos/Winter auch von gegensätzlicher Betrachtung erfolgt.
Damit stellt sich weiter die Frage, was Cultural Studies als Erklärung dafür bieten, wie es zur Popularität von Genres, bzw. Filmgenres kommen kann. Eine Antwort liefert Winter:
"Die Popularität von Filmgenres wird durch die Zuschauer mitgeschaffen, die sich an deren vorhersehbarem Ablauf und an den eingebauten Überraschungen erfreuen. Sie ist raum- und zeitgebunden sowie in den sozialen und kulturellen Beziehungen verankert, auf die sich mediale Texte beziehen und die sie mit Geschichten versorgen, die in alltäglichen Kontexten in eigene persönliche Erzählungen münden können."[62]
Somit wird eine Verbindung zwischen Populärkultur, dem ‚Tatort‘ und Cultural Studies hergestellt. Es folgt dann weiterhin die Frage nach der Relevanz einer Medienanalyse in den Cultural Studies.

„(...)es [erscheint] uns [Hepp/Winter] nach wie vor zielführend, Cultural Studies als ein transdisziplinäres Projekt der kritischen Kulturanalyse zu begreifen: Um Cultural Studies zu erfassen ist es notwendig, sich einerseits deren transdisziplinären Projektcharakter zu vergegenwärtigen, andererseits deren kritischen Fokus auf Medienanalyse.“[63]
Da die Cultural Studies sich u.a. durch Kontextualität auszeichnen, scheint es unabdingbar, den Kontext der Krimireihe ‚Tatort‘ weiträumig zu berücksichtigen. Doch kann der Kontext der Medienschaffenden in der Regel nicht in vollem Maße mit einbezogen werden, da dazu meist die Mittel und vor allem die Möglichkeiten fehlen.
Jedoch sind einige Interviews von Produktionsseite wie ProduzentInnen und SchauspielerInnen, DrehbuchautorInnen etc. zugänglich. Diese werden daher auch entsprechend mit in die Untersuchung einbezogen.

---

60 Bollhöfer, 2007, S.18.

61 Anm.: dabei ist absichtlich der Begriff ‚Fernsehsendung‘ und nicht ‚Krimi‘ gewählt, siehe auch Zubayr/Gerhard, 2009.

62 Winter, 2006a, S. 427.

63 Hepp/Winter, 2006, S.10.

Unter Rückgriff auf die gezeigte Relevanz der Populärkultur in den Cultural Studies und der Verbindung zur Medienanalyse als wichtigem Instrument für die Untersuchung populärer Medien, wird in dieser Arbeit davon ausgegangen, dass Cultural Studies sich insbesondere zur Medienanalyse des ‚Tatort‘ eignen.

3. Das Andere in den Medien

Im folgenden Kapitel wird dargelegt und diskutiert, was unter dem Anderen verstanden werden kann, welche Ansätze es gibt, das Andere sichtbar zu machen und zu benennen, welche Formen und Vorstellungen des und vom Anderen überhaupt existieren. Es gibt verschiedene Ansätze, was das Andere ist und wie es konstruiert wird. Es stellt sich auch die Frage, wozu ‚wir' das Andere brauchen. Die vorgestellten Ansätze und Konzepte stellen die theoretischen Grundlagen für die konkrete Untersuchung in Kapitel 6 dar.
Nachdem die Ansätze vorgestellt und diskutiert worden sind, folgt ein Überblick über den derzeitigen Forschungsstand. Dieser Überblick dient dazu, vorzustellen, welche Ansätze und Herangehensweisen zu der Untersuchung des Anderen bekannt sind und welche Ergebnisse diese jeweils hervorgebracht haben. Die Einordnung der vorliegenden Untersuchung erfolgt dann in Kapitel 6.1.

3.1 Verschiedene Konzepte des Anderen

In diesem Abschnitt wird beleuchtet, was das Andere ist, was es sein kann und mit welchen Mitteln es konstruiert und hergestellt wird oder werden kann. Dazu ist die Behandlung der Relevanz des Anderen für ‚die' Identität unerlässlich. Was bedeutet ‚Identität'? Dazu werden ebenfalls Konzepte und Kategorien diskutiert, welche die Ein- und Zuordnung des Anderen erleichtern und auch mögliche Erklärungsansätze liefern.
Es ist noch festzuhalten, dass die Absicht der Untersuchung nicht darin besteht, sich auf *das* Konzept oder *den* Ansatz festzulegen. Das Ziel dieser Arbeit ist die Untersuchung ausgewählter Tatortfolgen auf die Darstellung und Konstruktion des Anderen. Daher ist die Herangehensweise offen auch für verschiedenste Konzepte und Ansätze, um die Möglichkeiten und die Vielfalt der Ergebnisse nicht zu beschränken.

3.1.1 Wer bin ich – *die Frage nach ‚Identität'*

Um zu verstehen, was das Andere sein kann, ist hier auch die Frage nach ‚Identität' zu behandeln. Um begreifen zu können, wieso das Andere überhaupt existiert, ist es unabdingbar, auch Ansätze vorzustellen, welche *Identität* erörtern.

Identität ist ein häufig verwendeter Begriff, der auch in der Alltagssprache zahlreich vorkommt. Es ist oft die Rede von ‚fragmentierter' oder auch von ‚zersplitterter' Identität, von ‚zu sich selbst finden' und auch

immer wieder von der ‚Orientierungslosigkeit' der Jugend. Dieses alles hängt unmittelbar zusammen mit der Frage nach Identität.
Einen dazu wichtigen und Überblick gebenden Beitrag leistet Stuart Hall mit seinem Text ‚Die Frage der kulturellen Identität'[64], welcher die Grundlagen für die nachstehenden Ausführungen liefert, und auf dessen Basis einige Verständnisbeispiele angeführt werden.
Es wird zunächst ein kleiner Exkurs ins Mittelalter vorgenommen, um aufzeigen zu können, wie sich Identität bzw. das Verständnis von Identität entwickelt hat. Im Mittelalter herrschte ein essentialistisches Verständnis von Identität. Je nachdem in welchen Stand man hineingeboren wurde, lebte und verblieb man in diesem. Es gab nur sehr wenige Möglichkeiten, in einen anderen Stand zu wechseln. In der Regel starb man als Bauer, wenn man als Bauer geboren wurde. Diese Identität blieb also von der Geburt bis zum Tod aufrecht. Im Mittelalter definierten historische, religiöse und politische Rahmenbedingungen die Position und den Status des Menschen. Alles ist Ausdruck einer von Gott gegebenen Ordnung – es gab ganz klare, hierarchische Strukturen.
Beim essentialistischen Verständnis von Identität wird diese durch die Zugehörigkeit zu einer Gruppe definiert. Das ‚Gemeinsame' wird bestimmt durch ‚natürliche Grundlagen' wie beispielsweise Geschlecht, Hautfarbe, Religion.
Hall geht nun weiter und führt drei Konzepte von Identität an: „Konzepte des Subjekts der Aufklärung, das soziologische Subjekt und das postmoderne Subjekt."[65] Das Subjekt der Aufklärung umschreibt Hall als einheitliches Subjekt, das seit der Geburt einen inneren Kern hat, der sich im Laufe des Lebens zwar immer weiter entfaltet, das Subjekt jedoch ein Leben lang identisch mit sich selbst ist und bleibt.[66] Es handelt sich also um eine Auffassung von Identität, die unabhängig von äußeren Einflüssen wie bspw. von Anderen ist. Bei dem soziologischen Subjekt formiert sich die Idee vom inneren Kern hin zu der Idee einer Identität, die von Anderen mitgeschaffen wird:
„(…) Identität [wird] in der Interaktion zwischen einem Ich und der Gesellschaft gebildet."[67] Der innere Kern des Subjekts geht bei dem soziologischen Subjekt nicht verloren, ist nun aber nicht mehr allein identitätskonstruierend, dennoch ist die Interaktion/Dialog zwischen dem inne-

64 Hall, 1994b.

65 Hall, 1994b, S.181.

66 Vgl. Hall, 1994b, S. 181.

67 Hall, 1994b, S.182.

ren Ich und der Gesellschaft so kontinuierlich, dass dadurch eine gefestigte Identität entsteht.[68]
Durch einen massiven gesellschaftlichen Strukturwandel kommt es nun zu der Krise des Subjekts. Die Moderne ist nicht länger als lineare und unendliche Zunahme der Beherrschung von äußerer und innerer Natur zu verstehen. Anders ausgedrückt: In der Moderne war das Subjekt ‚sicher', in der Postmoderne ist das nicht mehr der Fall. Die industrielle Moderne hatte für die Integration der Subjekte in gesellschaftliche Strukturen bestimmte Grundmuster ausgebildet, welche dann eine Identitätsbildung ermöglichten. Solche Strukturen waren bspw. Familienformen, Normal-Arbeitsverhältnisse, Karriereverläufe und Geschlechterrollen. Da diese Strukturen in der Postmoderne nicht mehr greifen, ergeben sich Unsicherheiten. Subjekte müssen daher die zur eigenen Lebenssituation ‚passenden' sozialen Muster in eigener Regie entwickeln. Die Modernisierung, die mit der Aufklärung begann, greift nun auf die Grundlagen der Moderne selbst über. Als natürlich angenommene Sachverhalte werden plötzlich fragwürdig. Jede gesicherte oder essentialistische Konzeption von Identität, wie sie seit der Aufklärung der Kern unseres Selbst war, gehört nun der Vergangenheit an. Einheit, Kontinuität und Entwicklungslogik werden durch Konzepte wie Kontingenz, Diskontinuität, Reflexivität etc. ersetzt.
Einerseits verlangen die neuen Konzeptionen, dass das Individuum eine aktiv gestaltende Rolle in der Welt einnimmt und sich nicht nur als bloßes Produkt von natürlichen oder gesellschaftlichen Lebensbedingungen sieht, andererseits impliziert jetzt der Begriff ‚Subjekt' bereits eine Unterwürfigkeit vor einer machtstrukturierten, schon gegebenen Welt.
Das Bild des ‚Spielers' soll einen zentralen postmodernen Menschentypus darstellen. In der Moderne war der Mensch ein ‚Pilger', er bewegte sich auf seiner Lebensreise mit dem Wissen um ein klares Ziel. Der Mensch glaubte an Kontinuität und Linearität der Zeit. Die Suche nach Identität war zwar beschwerlich, doch der Glaube an die Unveräußerlichkeit derselben war ungebrochen.
Heute jedoch ist das Streben nach einem erreichbaren Ziel historisch obsolet geworden. Stattdessen tritt nur der Spieler auf den Plan, der sich nicht festlegen und sich nicht binden will an irgendein Ziel. Die Vermeidung jeglicher Festlegung wird somit zum Dreh- und Angelpunkt der postmodernen Lebensstrategie.[69] Von der Moderne wurde Ernsthaftigkeit gefordert und gerade diese Ernsthaftigkeit fehlt dem Spieler. Wenn jetzt aber die Festlegung auf ein Ziel nicht mehr möglich ist, so wird aus dem

68 Anm.: Das Subjekt empfindet seine Identität als einheitlich und stabilisiert.
69 Bauman, 1999.

Spiel allmählich Ernst. Der Ernst wird zum Spiel. Kennzeichen der Moderne war also der Fleiß, während die Postmoderne durch Verspieltheit glänzt.

Diese Krise der Identität, wie Hall sie beschreibt, bringt nach Kretzschmar eine verstärkte Abgrenzung gegenüber Anderen mit sich, was auch für die anschließende Untersuchung ein entsprechend zu berücksichtigender Aspekt ist.
"Eine (...) Reaktion der Gesellschaften auf den Fremden ist die Marginalisierung von Minderheiten. Die Schärfe, mit der diese Marginalisierung zunimmt, ist nicht zuletzt durch die sozialen Erosionsbewegungen der Postmoderne zu erklären. In einer Gesellschaft, in der sich die Lebenszusammenhänge der Individuen nur noch kurzzeitig zusammensetzen, um sich bald wieder aufzulösen, wächst der Bedarf nach einer positiv bewerteten sozialen Identität. Diese positive soziale Identität wird durch eine verstärkte Abgrenzung gegenüber anderen, fremden Gruppen erreicht." [70]

Neben den hier vorgestellten Ansätzen der Identität bzw. Identitätskonstruktion, gibt es noch weitere Ansätze. Einer ist der der narrativen Konstruktion von Identität, bei der die ‚eigene' Geschichte erzählt und so die Identität konstruiert wird. Wolfgang Kraus[71] zeigt in seinem Beitrag ‚Identität als Narration', dass die erzählte Identität für das Subjekt mit einer fragmentierten Identität wichtig ist, um eine Kohärenz der Identitätsfragmente herzustellen. Dabei zeigt er Kriterien auf, die für eine kohärente Selbsterzählung notwendig sind. In der postmodernen Gesellschaft, sei es den Individuen auch erschwert, fast bis auf das Unmögliche, ihre Identität durch Narration zu konstruieren, haben doch die „frühere[n] Gesellschaften und Epochen (...) kohärente Angebote der sozialen Konstruktion von Realität gemacht(...)“[72] die nun fast gänzlich wegfallen. Dies erschwert die Erzählung des eigenen Ich fast bis zur Unmöglichkeit, dennoch ist Kraus der Meinung, dass „Ein Verzicht auf einen narrativen Selbstentwurf und auf die damit konstruierte Kohärenz (...) die Selbstauflösung des Subjektes zur Folge [hat].“[73]

---

70 Kretzschmar, 2002, S.84.

71 Kraus, 1999.

72 Kraus, 1999.

73 Kraus, 1999.

3.1.2 Ich und das Andere

Wie gezeigt wurde, ist das Subjekt in der Postmoderne immer auf der Suche nach Identität. An diesem Punkt werden auch noch die soziale und die kulturelle Identität genannt. Die Begriffe lassen sich in gewisser Weise voneinander abgrenzen: Die soziale Identität ist durch die Zugehörigkeit zu sozialen Gruppen gekennzeichnet, wie sie in allen Kulturen zu finden sind.[74]Eine soziale Gruppe kann z.B. der Heimatort sein, die Schule, die man besucht, oder der Kreis der ArbeitskollegInnen. Hall[75] unterscheidet zwei Arten von kultureller Identität. Zum einen kann von einer gemeinsamen Kultur als Grundlage der kulturellen Identität ausgegangen werden, die auf einer gemeinsamen Historie beruht und wie ein Fels in der Brandung allen äußeren Einflüssen und allen Eindringlingen standhält.

„Die Kultur wird zur Festung, und der Fremde wird zum Feind, der sie einnehmen könnte. Bei dieser Verhärtung der Fronten kann der positive Aspekt des Fremden, der einer Kultur Impulse zu ihrer Weiterentwicklung geben kann, nicht mehr wahrgenommen werden." [76]

Bei dem anderen Verständnis von kultureller Identität, in dem Sinne, dass sie nicht festgelegt ist und nicht ‚ist', sondern sich im ständigen ‚Werden' befindet und aus Differenzen und Diskontinuitäten besteht, muss das Andere nicht zwangsläufig als ‚außen' definiert werden, sondern es bleibt die Möglichkeit, das Andere mit oder gerade wegen dieser Differenzen als Teil dieser kulturellen Identität zu verstehen und aufzunehmen, wie auch der Ansatz der multikulturellen Gesellschaft zeigt.

Es ist an dieser Stelle noch auf die ‚Anrufung' einzugehen, die für Althusser von großer Bedeutung für Identitätsbildung ist. [77] Althusser geht davon aus, dass durch die Reaktion auf die ‚Anrufung' eine Subjektpositionierung stattfindet.[78] Für diese Untersuchung bedeutet dies, dass auch darauf zu achten ist, inwiefern das Andere durch Reaktion auf Anrufung sich selbst als das Andere positioniert und auch *wie* es ‚angerufen' wird.

---

74 Vgl. Kretzschmar, 2002, S.76.

75 Hall, 1994a.

76 Kretzschmar, 2002, S.76.

77 Winter/Mikos, 2001, S.23-26., Althusser, 1977.

78 Anm.: Ich möchte ein vereinfachendes Beispiel nennen: durch die Medien wird neuerdings eine gewisse Kochkultur vermittelt. Wenn wir aufgrund dessen keine Fertigprodukte mehr kaufen, sondern auf frische Lebensmittel und frische Zubereitung achten, nehmen wir eine Position ein und der mediale Diskurs des Kochens-als-Lebenseinstellung wird so zu unserem. Auch wenn uns jemand beim Namen nennt und wir darauf reagieren, nehmen wir als Reaktion auf die Anrufung eine Subjektposition ein.

Identitäten werden auch medial vermittelt:
„Mediale Angebote gelten als Mittler kultureller Bedeutungen und werden somit zugleich als potenzielle Ressourcen der Wirklichkeitskonstruktion aufgefasst. Medien haben somit wesentlich Anteil an der Konstruktion von Gesellschaft, die durch tiefgehende (Interessens-) Konflikte und Widersprüche auf der Basis problematischer Verteilung von Macht geprägt ist."[79] Da Medien einen wesentlichen Teil zur (medialen) Wirklichkeitskonstruktion beitragen, ist es notwendig diese medialen Angebote zu untersuchen, um Konstruktion von Gesellschaft sichtbar zu machen.
"Indem kulturelle Ressourcen gegenwärtiger Identitäten insbesondere medial vermittelt sind, verweist die Diskussion um kulturelle Identität und Rassismus in erheblichem Maße auf eine kulturtheoretisch orientierte Auseinandersetzung mit den Medien." [80] Hepp/Winter sind sogar der Auffassung, dass die gegenwärtigen Identitäten sogar „insbesondere" medial vermittelt sind. Dieser Punkt ist sehr nachvollziehbar, da die Anzahl der medialen Angebote nicht zuletzt durch die zunehmende Verbreitung des Internet gestiegen ist.[81]
Es werden im Nachstehenden weitere Konzepte und Ansätze aufgezeigt, die es zu dem Anderen gibt und welche zusätzlich als theoretische Grundlage der vorgelegten Untersuchung in Kapitel 6 dienen.
Kretzschmar hat sich in ihrer Arbeit[82] mit Erklärungsansätzen und Konzepten des Anderen ebenfalls auseinandergesetzt und hat dabei zahlreiche weitere Erklärungs- und Definitionsversuche geliefert: „(...) [Es] ist zu berücksichtigen, dass Fremdheit an sich keine wissenschaftliche Kategorie ist. Jede Ordnung schließt durch das Ordnen bestimmte Teile aus der Gesamtheit aus, schafft also jeweils eigene Fremdheiten."[83]

3.1.3 Ordnung halten – *Das Konzept der Reinheit*

Dass Ordnen und Ordnung halten für Menschen in ihrem Zusammenleben ein großer und wichtiger Faktor ist, davon geht auch Bauman aus:

---

79 Thomas, 2003, S.55.

80 Hepp/Winter, 2003, S.26.

81 http://de.statista.com/statistik/daten/studie/3327/umfrage/internetnutzer-weltweit-im-dezember-2008/, 05.06.2009.

82 Kretzschmar, 2002.

83 Kretzschmar, 2002, S.18. Anm.: Kretzschmar spricht hier von Fremdheit, wobei der ‚Fremde' nur *ein* Gesicht das Anderen ist, denn das Andere hat m.E. viele Gesichter, wie in diesem Kapitel aufgezeigt wird.

„Den Boden fegen und Verräter stigmatisieren oder Fremde ausweisen – alles scheint von demselben Motiv auszugehen, Ordnung zu bewahren.“[84] Ein Ansatz der Entstehung des Anderen ist, dass es durch den Trieb der Menschen nach Ordnung entsteht. Bauman sagt, dass das Problem des Fremden ein Produkt der Menschen sei, da es in der Natur[85] keinen Schmutz („Schmutz“ setzt Bauman in einer Art mit „Fremd“ gleich) gäbe. In diesem Drang nach Ordnung sieht er also eine der Ursachen für die Ausgrenzung des Fremden.

Nach Bauman gibt es Reinheitsmodelle, die von den Menschen selbst entworfen wurden, um die menschliche Ordnung zu wahren. Das Problem an diesen Reinheitsmodellen ist, so Bauman, dass in diesen für einige Menschen kein Platz reserviert sei, den sie einnehmen könnten um das Ordnungssystem nicht weiter zu stören. So lässt sich auch begründen, dass es wohl für einige Menschen schwierig, wenn nicht unmöglich ist, sich in Gesellschaften einzugliedern.

Bauman sagt, dass Menschen das gleiche Motiv haben – ob sie nun den Boden fegen oder Fremde ausweisen. Sie wollen Ordnung halten. Und das hat, nach Bauman, Folgen für das menschliche Zusammenleben. Menschen, die sich aus ihrem sozialen Umfeld und ihrer Gesellschaft lösen, werden sehr schnell zu Fremden, sie werden oft als ‚Schmutz‘ empfunden. Für Bauman ist es etwas Menschliches, dass Fremde es schwierig haben, sich in eine neue Gesellschaft oder einen neuen Kulturkreis zu integrieren. Bauman spricht, wie oben schon erwähnt, von Reinheitsmodellen. Daher ist eine Überlegung, dass jede Kultur ihr eigenes Reinheitsmodell hat und es daher auch sehr unterschiedlich ist, wie Kulturen mit Fremden umgehen. Grundsätzlich werden Fremde aber abgelehnt. Die Diskrepanz in einer Gesellschaft kann daher wohl auch die Gründe haben, von denen Bauman spricht. In diesen Reinheitssystemen, die von den Gesellschaften entworfen werden, um als solche zu bestehen, sieht Baum das Problem der scheiternden Integration. [86] Da diese Systeme menschengemacht seien, liegt es nach Bauman also auch an den Menschen, diese Systeme zu verändern und dadurch einen Erfolg von Integration zu ermöglichen.

Was ist für Bauman nun das Fremde? „Da (..) jedes Reinheitsschema seinen eigenen Schmutz und jede Ordnung seinen eigenen Fremden hervorbringt, indem sie den Fremden nach ihrem Bild und Maßstab erfindet, widersetzt sich der Fremde – genauso wie der soziale Raum selbst – jeder

---

84 Bauman, 1999, S.19.

85 Natur bezeichnet Bauman „schlechthin im Unterschied zum menschlichen Produkt der Kultur“. Bauman, 1999, S.15.

86 Anm.: Zumindest wenn man der Logik des Baumanschen Ansatzes folgt.

Festlegung(...).“[87] Auch nach Baumans Ansatz lässt sich das Andere nicht definieren oder festlegen. Es lässt sich allerdings sagen, dass der Fremde bzw. das Andere immer dort entsteht, wo Ordnung geschaffen wird. Ordnung schafft man nur dadurch, dass man ein ‚Innerhalb‘ der Ordnung schafft, wodurch das ‚Außerhalb‘ zwangsläufig entsteht:

> „Stabile Kulturen sind darauf angewiesen, dass Dinge an ihrem zugewiesenen Platz bleiben. Symbolische Grenzen sorgen für die ‚Reinheit‘ der Kategorien und geben Kulturen so ihre einmalige Bedeutung und Identität. Ein deplazierter (sic!) Gegenstand stellt einen Angriff auf diese ungeschriebenen Regeln und Kodes dar. Schmutz im Garten ist in Ordnung, aber im Schlafzimmer ist er am falschen Platz – ein Zeichen für ‚Verunreinigung‘, für überschrittene symbolische Grenzen und gebrochene Tabus.“[88]

3.1.4 Ich bin ich, weil ich nicht du bin – *Ansatz der Differenz*

Um zu verdeutlichen, was mit dem Ansatz der Differenz bezeichnet wird, wird zunächst auf Halls Beitrag ‚Der Westen und der Rest’[89] eingegangen.

Nach Hall sind die Begriffe ‚Osten‘ und ‚Westen‘ nicht nur reine geographische Bezeichnungen, sondern hinter ihnen würden sich Vorstellungen und Phantasien verbergen. ‚Westen‘ und ‚westlich‘ hätten mehr als nur eine Bedeutung.

Der ‚Westen‘ sei ebenso eine Idee wie eine geographische Tatsache, wobei der ‚Westen‘ ein historisches und kein geographisches Konstrukt sei. Als ‚westliche‘ Gesellschaften gelten Gesellschaften, die „(...) entwikkelt, industrialisiert, städtisch, kapitalistisch, säkularisiert und modern“[90] sind.

Durch das Konzept des Westens kann man Gesellschaften in ‚westlich‘ und ‚nicht-westlich‘[91] kategorisieren. Es funktioniert als Repräsentationssystem für das Ensemble aus den oben angeführten Eigenschaften. Das Konzept liefert ein „Standardmodell“[92] einer Gesellschaftsform, um damit einen Vergleich mit anderen Gesellschaftsformen herstellen zu können. Der ‚Westen‘ funktioniert als Ideologie, er „stellt (...) Untersuchungskriterien bereit, mit denen andere Gesellschaften bewertet werden

87 Bauman, 1999, S.29.

88 Hall, 2004, S.119.

89 Hall, 1994c.

90 Hall, 1994c, S.138.

91 Vgl. Hall, 1994c, S.138-139.

92 Vgl. Hall, 1994c, S.139.

und um die herum sich machtvolle negative und positive Gefühle bündeln."[93]
Der ,Westen' und dessen vermeintliche Einzigartigkeit entstand hauptsächlich aus dem Vergleich des ,europäischen Westens zu anderen, ,nicht-europäischen' Gesellschaften.
Nach Hall benötigen alle Systeme Vergleichssysteme, um eine Identität zu erhalten, bzw. um diese zu konstruieren. So sei dies auch beim Westen. Das Bewusstsein des Westens konnte sich erst mit der Abgrenzung zu anderen, nicht-westlichen, Gesellschaften bilden.[94]
Hall unterteilt den Expansionsprozess Europas in fünf Phasen. Damit will er aufspüren, wie sich das Repräsentationssystem des ,Westens und des Rests' bildete.
Er will mit einem geschichtlichen Abriss zeigen, wie es begann, dass Europa seine Kultur und seine Gewohnheiten der neuen Welt aufprägen wollte.[95] Denn europäische Rivalitäten wurden nicht in Europa ausgetragen und beigelegt, sondern in den europäischen Kolonialstaaten.
Der Westen konnte die neu entdeckte Welt nur mit den eigenen vorhandenen Normen und Begriffen beschreiben und umschreiben, wodurch sich eine bestimmte Voreingenommenheit des Westens zur neu entdeckten Welt ergibt.
Hall beschreibt, wie die Vorstellungen der westlichen Welt über die restliche Welt zustande kamen.
Die Beschreibungen des Fremdartigen der neuen Welt konnte vom ,Westen' nur durch Analogien durchgeführt werden, womit auf die Thematik der Differenz zu zusprechen ist.
„Die gewaltvolle Repräsentation der Anderen als unverrückbar different war notwendiger Bestandteil der Konstruktion eines souveränen, überlegenen europäischen Selbst."[96] Do Mar Casteo Varela spricht ebenfalls von Differenz. Es soll damit verdeutlicht werden, dass zur Konstruktion eines Selbst (seien dies bspw. das europäische oder das westliche Selbst) immer ein differentes Anderes notwendig ist. „Einige moderne Sprachtheoretiker gehen davon aus, daß *Bedeutung* [Herv.i.O.] immer von den Beziehungen abhängt, die zwischen den verschiedenen Begriffen oder Worten innerhalb eines Bedeutungssystems bestehen."[97] Bei Saussures Zeichensystem entsteht die Bedeutung eines Wortes auch erst in der Differenz zwischen des Signifikats (Bezeichnetes) zu dem Signifikant (Be-

93 Hall, 1994c, S.139.

94 Siehe auch Kapitel 3.1.3.

95 Vgl. Hall, 1994c, S.149.

96 Do Mar Casteo Varela, 2005, S.16.

97 Hall, 1994c, S.140.

zeichnendes).[98] „Demzufolge wissen wir, was ‚Nacht' bedeutet, wie sie verschieden, ja sogar das Gegenteil von ‚Tag' ist."[99] Wie in der Linguistik geht man auch in der Psychologie davon aus, dass die Bedeutung des *Einen* nur durch die Differenz zu einem *Anderen* entstehen kann. Auch ein Säugling kann sich erst *Selbst* erkennen im Getrenntsein und in Abgrenzung von *Anderen*, meist zuerst im Getrenntsein zu der Mutter, denn

> „Zu den zentralen Einsichten der Psychoanalyse (in ihren verschiedenen Ausprägungen) zählt ja, dass keine absolute und fixe Grenze zwischen dem Selbst und dem Anderen gezogen werden kann und es auch kein vom Anderen völlig getrenntes, autonomes und essenzielles Selbst gibt."[100]

Da Bedeutung „(...) von der Differenz zwischen Gegensätzen ab[hängt]"[101], ist auf *binäre* Gegensatzpaare zu sprechen zu kommen. Binäre Gegensatzpaare sind z.B. Mann/Frau, schwarz/weiß, westlich/nicht-westlich, jung/alt, etc. In den binären Gegensatzpaaren gibt es immer einen dominanten Teil, die Gegensatzpaare stehen in einer Machtbeziehung zueinander.[102] In dieser Untersuchung wird u.a. aufgezeigt, durch welche binären Gegensatzpaare das Andere konstruiert wird und welcher der dominante Part ist. Dabei darf nicht unbemerkt bleiben, dass die Einteilung der Welt und gut und böse, schwarz und weiß, Mann und Frau zwei Seiten hat. Zum einen wird Komplexität vermindert und dadurch für das Subjekt ‚greif- und fassbarer'.[103] Zum anderen birgt die Verminderung der Komplexität die Gefahr der Vereinfachung mit sich, die dazu führen kann, dass die Grautöne zwischen den binären Positionen nicht mehr gesehen werden und dadurch in Gefahr geraten, unterzugehen.

Der Ansatz der Differenz ist grundlegend für alle anderen Ansätze, da das Andere an sich, schon in der Bedeutung des Wortes, different ist vom Selbst. Es wurde verdeutlicht, dass Differenz grundlegend ist für die Konstruktion des Anderen und daher in dieser Untersuchung von zentraler Bedeutung ist.

3.1.5 Konstruktion von Rasse

Das Konzept zur Konstruktion von Rasse als das Andere schließt an den Ansatz der Differenz an und ist mit Stereotypenbildung und Vorurteilen

98 Vgl. Jäger, 2003.

99 Hall, 1994c, S.140.

100 Hipfl, 2004, S.37.

101 Hall, 2004, S.117.

102 Vgl. Hall, 2004, S.118.

103 Vgl. Hall, 2004, S.143.

verknüpft (Siehe auch Kapitel 3.1.7.). Um auf die Konstruktion von Rasse einzugehen ist es wichtig, sich die Bedeutung von binären Gegensatzpaaren ins Gedächtnis zu rufen, wie sie in Kapitel 3.1.4. erörtert wurden, denn der „(…) rassisierte Diskurs ist durch eine Reihe binärer Gegensatzpaare strukturiert. Da ist der kraftvolle Gegensatz zwischen ‚Zivilisation' (weiß) und ‚Wildheit' (schwarz). Da ist der Gegensatz zwischen den biologischen und körperlichen Charakteristika der ‚schwarzen' und ‚weißen' Rassen, polarisiert bis in ihre extremen Gegenteile – jedes der Signifikant einer absoluten Differenz zwischen menschlichen ‚Typen' oder Spezies."[104] Es wird darauf hingewiesen, dass Hall hier von ‚biologischen Charakteristika' spricht und in Kapitel 3.1.6.wird darauf eingegangen, ob es diese Charakteristika ‚gibt' oder ob eine ‚Selbstverständlichung' und ‚Natürlichmachung' (siehe Kapitel 1.4) *passiert* ist. Scherschel geht auf den Prozess der Rassisierung ein und stellt deutlich heraus, dass es sich hier um eine *Konstruktion* handelt, die aus einem ideologischen Prozess heraus funktioniert:

> „Der grundlegende Modus dieses Prozesses [der Konstruktion von Rasse, d.Verf.] ist die Selektion und Bedeutungszuweisung. Seine Funktion ist die Klassifikation und Kategorisierung. Biologische und somatische[105] Merkmale werden aus einer Bandbreite möglicher Merkmale selegiert (sic!). Es erfolgt eine Auswahl jener Merkmale, die als Bedeutungsträger einen angenommenen Differenz fungieren. Diesen Merkmalen werden spezifische kulturelle Charakteristika zugeschrieben, so dass Bevölkerungsgruppen ein spezifisches Eigenschaftsprofil erhalten."[106]

Außerdem ist zu beachten, dass es sich bei der Konstruktion von Rasse niemals nur um ein Differenzierungsinstrument handelt, sondern immer auch um ein Ausschluss- und Hierarchisierungsinstrument.[107]
In dieser Untersuchung wird nach den oben gemachten Anführungen auch die Konstruktion des Anderen eine Rolle spielen, welches jedoch als ‚rassisch'-anders konstruiert wird.

3.1.6 Das Andere – *Geschlecht*

Zu diesem Ansatz ließe sich mindestens eine weitere umfangreiche Untersuchung durchführen. Es wird jedoch dargelegt, was für diese Untersuchung als relevant erscheint. Da in den ausgewählten Tatortfolgen untersucht werden soll, was als das Andere repräsentiert wird und wie es

104 Hall, 2004, S.127.

105 Anm.: *körperliche*

106 Scherschel, 2008, S.40.

107 Vgl. Barkhaus, 2006, S.33.

konstruiert wird, ist selbstverständlich auch ein Ansatz des anderen Geschlechts von besonderer Bedeutung.
In der feministischen Theorie macht schon De Beauvoir darauf aufmerksam, dass die Frau als das andere Geschlecht im (binären) Gegensatz zum Geschlecht des Mannes positioniert wird:
„Die Menschheit ist männlich, und der Mann definiert die Frau nicht an sich, sondern in Beziehung auf sich; sie wird nicht als autonomes Wesen angesehen.(…) Sie wird bestimmt und unterschieden mit Bezug auf den Mann, dieser aber nicht mit Bezug auf sie; sie ist das Unwesentliche angesichts des Wesentlichen. Er ist das Subjekt, er ist das Absolute: sie ist das Andere.“[108]
Hipfl verdeutlicht den Untersuchungsgegenstand, mit der sich die feministische Theorie auseinandersetzt:
„Vor allem feministische Forscherinnen problematisieren die Naturalisierung des Geschlechtsunterschiedes und damit auch all die Argumente, die von der ‚Natur der Frau‘ ausgehen und daraus gesellschaftliche Erwartungen hinsichtlich dessen ableiten, was eine Frau zu tun habe.“[109]

Es werden drei wichtige Ansätze in der Geschlechterforschung unterschieden: der Gleichheitsansatz, der Differenzansatz und der (De-) Konstruktivismus. Der Gleicheits- und der Differenzansatz unterscheiden grundsätzlich in Sex und Gender, wobei ‚Sex‘ das biologische und ‚Gender‘ das kulturelle Geschlecht bezeichnet.[110]
Der Gleichheitsansatz sagt, dass es keine Unterschiede zwischen den Geschlechtern gibt und strebt die Gleichheit an. Der Differenzansatz hingegen sieht Unterschiede zwischen den Geschlechtern und will Gleichheit erreichen, indem Unterschiedliches auch unterschiedlich behandelt wird.[111] „Demgegenüber versteht der (De-) Konstruktivismus die Zweigeschlechtlichkeit als kulturelle Konstruktion (…)“[112] und unterscheidet nicht in Sex und Gender. In dieser Untersuchung wird vom (de-) konstruktivistischen Ansatz ausgegangen: wann wird das Andere durch das Geschlecht konstruiert, bzw. wo spielt das Geschlecht eine Rolle bei der Konstruktion des Anderen? Diese Fragen sind die Entscheidenden und deshalb werden sie in der Untersuchung mit zu berücksichtigen sein. Auch bei der Konstruktion von Geschlecht bringt die Differenz zwei bi-

108 De Beauvoir, 1951, S.10.
109 Hipfl, 2008, S.473.
110 Vgl. Klaus, 2005, S.14 ff.
111 Vgl. Klaus, 2005, S.15.
112 Klaus, 2005, S.14-15.

näre Gegensatzpaare hervor: männlich und weiblich. Dies könnte eine Folgerung sein, doch:
„Sexuelle Differenz läßt sich nicht einfach als starre Opposition von männlich und weiblich denken, sondern als die Summe all jener anomalen, gleitenden, immer im Prozeß befindlichen Positionen, innerhalb derer sich der Kontinent der Sexualität mit seinen Aspekten zunehmender Beunruhigung öffnet.“[113]

Der Geschlechterdiskurs im ‚Tatort‘ wurde bereits in einer anderen Arbeit behandelt[114] und so beschränkt sich diese Untersuchung hinsichtlich Geschlechtes auf die Frage, was für eine Rolle es für die Konstruktion des Anderen spielt.

3.1.7 Stereotype und Vorurteile

Um zu klären was ein Stereotyp ist, wird nochmals Hall zur Hilfe genommen. Für ihn ist ein Stereotyp „(...)eine einseitige Beschreibung, die aus dem Zusammenfallen komplexer Differenzen in einem einfachen 'Holzschnitt' resultiert. Verschiedene Charakteristika werden zusammengezogen oder in eine einzige Eigenschaft verschmolzen. Diese übertriebene Vereinfachung wird dann einem Objekt oder einem Ort zugeschrieben.“[115] Die Stereotypisierung „(...) klassifiziert Menschen entsprechend einer Norm und konstruiert die Ausgeschlossenen als ‚anders‘.“[116]
Durch die Stereotypisierung wird die ‚Norm‘ weiter gefestigt und ‚selbstverständlich‘[117]. Diese Norm etabliert die Hegemonie und lässt diese Stereotypisierungen als natürlich erscheinen, wenn man davon ausgeht, dass „Hegemonie (...) eine Form von Macht [ist], die auf der Führung einer Gruppe in vielen Handlungsfeldern gleichzeitig beruht, so dass ihre Vormachtstellung über breite Zustimmung verfügt und als natürlich und unvermeidbar erscheint.“[118] Kretzschmar[119] ist der Meinung, dass diese Stereotypisierungen einem kulturellen Dialog, den sie in ihrer Arbeit fordert, eher abträglich seien. Es ist festzustellen, dass es nicht nur negative Stereotype, wie bspw. das der Russenmafia, gibt, sondern auch positive, wie das der ‚fleißigen Asiaten‘. Wie oben erwähnt, hängt dies nicht zuletzt davon ab, welche Stereotype welche Rollen für die Hege-

---

113 Hall, 1994d, S.75.

114 Siehe Kapitel 3.2., Treutler, 2008.

115 Hall, 1994c, S.166.

116 Hall, 2004, S.145.

117 Siehe Kapitel 1.4.

118 Hall, 2004, S.145.

119 Vgl. Kretzschmar, 2002, S.159.

monie spielen. Bei Kretzschmar findet sich noch eine interessante Aufteilung in Hetero- und Auto-Stereotype.

> "Zu unterscheiden sind Hetero-Stereotype, Vorstellungen, die Angehörige einer Kultur von einer anderen entwickeln, und Auto-Stereotype, bei denen es sich um Entwürfe handelt, die sich Bürger eines Staates von sich selbst machen, um sich von anderen abzugrenzen."[120]

So wird es auch in dieser Untersuchung von Interesse sein, welches Bild bspw. die Deutschen[121] von sich selbst konstruieren und welche Heterostereotype von den Anderen gebildet werden. Dabei sind hier ausdrücklich Stereotype, die sowohl positiv wie auch negativ sein können- und nicht Vorurteile gemeint, die – losgelöst von der Realität – eher negative emotionale Urteile transportieren.[122]

Scherschel[123] findet eine Erklärung dafür, dass die Begegnung des Einzelnen mit dem vorurteilsbehafteten ‚Anderen' oft nicht in einer Revision – trotz evtl. positiver Erlebnisse – der Vorurteile endet, sondern durch Verknüpfung der Erlebnisse in der Begegnung mit den in der Gesellschaft verankerten Vorurteilen die Eindrücke der Einzelbegegnung zunichte macht.
Die Untersuchung der ausgewählten Tatortfolgen soll zeigen, welche Stereotype vermittelt werden und wie auch das Andere durch Stereotypisierung konstruiert wird.

3.1.8 Von Gastarbeitern und Touristen

Das Andere kann neben den bisher angeführten Ansätzen, auch die Form eines Gastarbeiters oder eines Touristen haben.
Der Tourist stellt einen besonderen Anderen, Fremden dar. Unterstellt man dem Tourist, dass er reist, um ‚fremde Kulturen[124]' kennen zu ler-

---

120 Kleinsteuber, 1992, S.50-53 (zit. Nach: Kretzschmar, 2002, S.71).

121 Anm.: Da es sich um eine *deutsche* Fernsehsendung handelt.

122 Anm.: "Eine ganz andere Relevanz [als der Stereotyp, d.Verf.] hat das Vorurteil. Vorurteile transportieren emotionale Urteile, die meist einen negativen Charakter haben. Die Vorurteilsforschung, die in den USA entstanden ist, knüpft an das weitverbreitete Phänomen der herabwürdigenden und verletzenden Einstellungen zu Fremden an, die in den USA durch den Rassismus gegenüber Schwarzen und durch den Antisemitismus weit verbreitet sind. Das Vorurteil ist dadurch gekennzeichnet, dass es völlig losgelöst von der Realität bestimmten Bevölkerungsgruppen Eigenschaften zuspricht, die mit der Wirklichkeit nichts gemein haben." (Kleinsteuber, 1992, S.50-53 (zit. nach: Kretzschmar, 2002, S.71).

123 Scherschel, 2008.

124 Anm.: Für ihn fremde Kulturen.

nen, zeigt sich ein Paradoxon: Während der Tourist zum eigentlich Fremden in einer anderen Kultur wird, fühlt er sich dennoch nicht als fremd, sondern empfindet die bereiste Kultur als Fremde. Der Tourist ist auf eine Art wirtschaftlich integriert und steht damit im Gegensatz zu anderen Fremden, wie bspw. Asylsuchenden, die eher äußerst unerwünscht sind. Bei dem Tourist besteht auch nicht der Bedarf der Integration, da er seine eigene Kultur ‚mitbringt' und auch wieder ‚mitnimmt'. Er stellt somit keine Bedrohung für die Kultur des bereisten Landes dar.[125] Getreu dem Motto: „Hier bin ich und dort ist mein zu Hause."[126]
Für den Touristen werden ‚Fremdenzimmer' hergerichtet, was insofern eine Diskrepanz in sich birgt, da er einerseits als wirtschaftlicher Faktor erwünscht und als Fremder eher unerwünscht ist.
Beim Gastarbeiter[127], der länger bleibt als der Saisonarbeiter,[128] sieht es zunächst ähnlich aus: Er ist zunächst erwünscht und wirtschaftlich integriert. Doch er ist und bleibt in ‚seiner' Kultur verhaftet.[129] Schließlich lautet das Konzept des Gastarbeiters, dass er gerufen wird (nicht von sich aus kommt), arbeitet, solange Arbeit für ihn da ist um danach wieder in sein Heimatland zurückzukehren. Wenn nun aber der Gastarbeiter nicht wieder zu seiner Familie in sein Heimatland zurückkehrt, sondern die Familie in das vermeintliche ‚Gastland' nachholt, wird er schnell zum Fremden und der Nachwuchs der Gastarbeiter wird etwas unbeholfen als ‚jemand mit Migrationshintergrund' bezeichnet. Gerade in Bezug auf diese Untersuchung wird auf die Formen zu achten sein, die das Andere hier annimmt und inne hat.

3.1.9 Konzept der Intersektionalität

„Das Konzept der Intersektionalität thematisiert, wie sich die verschiedenen Dimensionen der sozialen Gruppenzugehörigkeit überschneiden"[130] und „(...)verweist auf Binnendifferenzen innerhalb von sozialen Gruppen (...)".[131]
Das Konzept der Intersektionalität wird bewusst an *dieser* Stelle aufgegriffen, da auf die bereits vorgestellten Konzepte zurückgegriffen wird.

---

125 Vgl. Merz-Benz/Wagner, 2002, S.35.

126 Bauman, 2002, S.1884-185.

127 Anm.: Es sei hier auf die positive Konnotation des Wortes ‚Gast' hingewiesen.

128 Vgl. Merz-Benz/Wagner, 2002, S.28-35.

129 Vgl. Merz-Benz/Wagner, 2002, S.34.

130 Dören, 2007, S.112.

131 Dören, 2007, S.115.

Intersektionalität ist als „(…) Blick auf Überschneidungen zwischen unterschiedlichen Formen von Ungleichheit und Differenz(…)[132] zu verstehen.
Es darf aber Intersektionalität nicht so verstanden werden, dass die einzelnen Kategorien lediglich addiert werden. Schließlich geht es um Interdependenzen der Kategorien.[133] Dies bedeutet für die Konstruktion des Anderen, dass es nicht darum geht, dass es bspw. schwarz, weiblich *und* mit Migrationshintergrund konstruiert wird, sondern dass die Interdependenzen der Differenz der Kategorien ‚schwarz' ‚weiblich' ‚mit Migrationshintergrund' zu einer Konstruktion des Anderen führen, was auch in dieser Untersuchung entsprechend zu berücksichtigen ist.

3.2 Forschungsstand zur Repräsentation des Anderen

Die Krimireihe ‚Tatort' qualifiziert sich aufgrund verschiedener Aspekte als beliebter Forschungsgegenstand. Aufgrund des inzwischen sehr langen Zeitraumes, in dem die Krimireihe ausgestrahlt wird, bieten sich bspw. Längsschnittuntersuchungen zu Veränderungen innerhalb der Krimireihe in Bezug auf gesellschaftliche Veränderungen an[134]. In diesem Abschnitt wird ein Überblick über den Forschungsstand zur Repräsentation des Anderen gegeben.

Eine grundlegende Arbeit mit dem Thema ‚Fremde Kulturen im europäischen Fernsehen'[135] hat Kretzschmar[136] verfasst.

Sie untersucht die fremden Kulturen in den Fernsehprogrammen von Deutschland, Frankreich und Großbritannien. Kretzschmar betont in ihrer Einleitung, dass sie aus einem europäischen Blickwinkel schreibt und dort selbst kulturell verhaftet ist. Sie schreibt weiter, dass mit dem Ende des Kalten Krieges die Fremdheit der Kulturen zutage tritt, die vorher zwar auch vorhanden, jedoch im Lagerdenken ‚Ost/West' eingeordnet und untergeordnet waren. Mit der Aufhebung des Lagerdenkens sei auch der europäisch-westliche Ideologiediskurs verstummt. Damit gehe einher, dass wir auch andere Akteure und Diskurse wahrnehmen, die uns fremd

132 Knapp, 2008, S.33.

133 Vgl. Dietze, 2008, S.33.

134 Vgl. Buchholz, 2006.

135 Vgl. Kretzschmar, 2002.

136 Anm.: Kretzschmar ist Kommunikationswissenschaftlerin und wissenschaftliche Mitarbeiterin an der Westfälischen Wilhelms-Universität Münster. Die Arbeit wurde von ihr ursprünglich als Dissertation verfasst.

sind. Kretzschmar ist der Meinung, dass genau an dieser Stelle ein Dialog einsetzen muss und das Ziel ihrer Arbeit ist es auch, einen Teil des Raumes aufzuzeigen, in dem dieser Dialog stattfindet: das Fernsehen.[137] Ihr „Ausgangspunkt ist die Frage, was dem europäischen Fernsehzuschauer angeboten wird, der sich für fremde Kulturen interessiert“.[138]
Ihre Untersuchung teilt sie in drei Schritte ein: Im ersten Schritt untersucht sie die Fernsehprogrammzeitschriften der drei europäischen Länder Deutschland, Frankreich und Großbritannien und stellt heraus, welche Filme und wie viele Filme innerhalb von vier Wochen jeweils mit dem Themenschwerpunkt ‚fremde Kulturen‘ ausgestrahlt werden. „Im zweiten Schritt werden die Rezeptionsdaten im Untersuchungszeitraum ausgewertet. Anhaltspunkte bieten hierbei die erhobenen Zuschauerzahlen.“[139] Anschließend führt sie aufgrund der Ergebnisse der vorangegangenen Untersuchung qualitativ-quantitative Interviews mit ProduzentInnen und PlanerInnen europäischer Fernsehprogramme durch.
"Die Information, was wo passiert, wird immer besser und schneller, für die Frage, warum etwas passiert, bleibt hingegen immer weniger Zeit. Wir sind zwar besser über den Anderen informiert, wissen aber weniger über ihn. Eine Entwicklung, die einem möglichen Dialog[140] eher kontraproduktiv entgegensteht."[141] Sie findet außerdem heraus, dass die unterschiedlichen Umgangsweisen der verschiedenen Länder (Frankreich, Großbritannien und Deutschland) in ihren Fernsehprogrammen und -sendungen mit dem Anderen, sich länderübergreifend immer mehr angleichen.[142]
Durch die voranschreitende Kommerzialisierung des Fernsehens verändern sich auch die Inhalte. Spartenprogramme, die sich speziell mit dem Anderen auseinandersetzen, würden sich nicht mehr lohnen, da alles auf Quote und möglichst hohe ZuschauerInnenzahlen ausgerichtet sei. Daneben verändern sich auch die Sehgewohnheiten der ZuschauerInnen: „(...) Schnell geschnittene, bunte, clipartige Filme erlauben nicht mehr das ruhige Beobachten, dass Sich-Einlassen des Zuschauers auf eine anspruchsvolle Thematik, auf einen längeren Film, der versucht, abseits von Stereotypen die Vielschichtigkeit einer Begegnung mit dem Fremden aufzuzeigen." Aufgrund der Kommerzialisierung des Fernsehens erhebt Kretzschmar ein Plädoyer für die öffentlich-rechtlichen Programme, da

137 Vgl. Kretzschmar, 2002, S.17-19.

138 Kretzschmar, 2002, S.19.

139 Kretzschmar, 2002, S.19.

140 Anm.: Einem Dialog zwischen den Kulturen.

141 Kretzschmar, 2002, S.160.

142 Vgl. Kretzschmar, 2002, S.339.

diese laut Kretzschmar die einzigen seien, welche sich der Thematik des Anderen noch annehmen könnten *und* ihm ansatzweise gerecht werden (könnten).

Als weitere interessante Arbeit ist auch die Arbeit von Björn Bollhöfer zu nennen. In ‚Geographien des Fernsehens‘[143] geht es, zusammenzufassend, um den räumlichen Aspekt der Krimireihe, insbesondere des Kölner ‚Tatorts‘. Das Hauptanliegen seiner Arbeit umschreibt er als: „(...) die Rekonstruktion von Wirklichkeitsdeutungen einer Stadt in ihren kommunikativen Prozessen."[144]
Er analysiert die Kölner Tatortreihe, u.a. mit Hilfe des ‚Circuit of Culture‘[145] und untersucht die Transformation des Räumlichen unter medialen Bedingungen. Bollhöfer schreibt ausgehend von der grundlegenden Annahme, dass „ (...) das Medium Fernsehen an einem komplexen, kulturellen Prozess teilnimmt, in dem räumlich Bedeutungszuschreibungen und Wertvorstellungen erzeugt und konsumiert werden.“[146] Er geht also davon aus, dass das Medium Fernsehen auch eine räumliche Medienwirklichkeit herstellt.
"Der erzählende Modus der Konstruktion von Wirklichkeit, der auf Grundlage einer narrativen Spielhandlung eine fiktionale soziale Realität gestaltet, ist somit von besonderem Interesse. Entsprechend sind auch immer wieder gesellschafts- und medienpolitische (Welke 2005, Guder 2003, Dörner 2001:189-213), produktionsästhetische (Brück et al. 2003, Bauer 1992), programmgeschichtliche (Pundt 2002) und filmhistorische (Wenzel 2000)[147] Forschungsansätze an den *Tatort* herangetragen worden."[148] Bollhöfer schließt mit einem räumlichen Ansatz an und kommt zu dem Schluss: „Die Vielfalt und Differenzen innerhalb der Stadt werden zu Gunsten verengter, stereotyper Images, die auf Aus- und Abgrenzungen basieren, nivelliert.“[149] Er stellt fest, dass nach dem Anspruch des ‚Tatort‘ auf besondere Realitätsnähe, für die Darstellung der Städte[150], in denen der ‚Tatort‘ spielt, eine „enorme apparative Künstlichkeit“ [151] er-

[143] Bollhöfer, 2007.

[144] Bollhöfer, 2007, S.223.

[145] Als weiterführende Literatur: Du Gay, 2003.

[146] Bollhöfer, 2007, S.10.

[147] Anm.: Die aufgeführte Literatur findet sich im Literaturverzeichnis der vorliegenden Arbeit wieder.

[148] Bollhöfer, 2007, S.17.

[149] Bollhöfer, 2007, S.224.

[150] Anm.: Bei Bollhöfer insbesondere die Stadt Köln.

[151] Bollhöfer, S.224.

forderlich ist und damit nicht die Stadt-als-solche repräsentiert wird, sondern durch die Narration erst zum Handlungsort wird.

Ortner hat ebenfalls einen wichtigen Beitrag zu den Themengebieten ‚Das Andere' und ‚Tatort' geleistet. In ihrem Buch ‚Migranten im Tatort'[152] behandelt sie das Thema des Anderen in Gestalt von MigrantInnen. Ortner hat zuerst eine quantitative Aufstellung aller Tatortfolgen vorgenommen. Damit geht sie der Frage nach dem Vorkommen des Themas ‚Migration' in der Krimireihe ‚Tatort' nach und kommt zu dem Schluss, dass ab 1991 auch die Geschichten der MigrantInnen mehr und mehr Platz in der Krimireihe zugesprochen bekommen. Sie stellt nicht nur die Frage nach der Quantität des Themas Migration im Tatort, sondern geht auch der qualitativen Frage nach der Integrationsfunktion des ‚Tatorts' nach. Dazu verwendet Ortner die qualitative Methode der Inhaltsanalyse und hat fünf ausgewählte Tatortfolgen auf die Frage der Repräsentation der MigrantInnen hin untersucht. Sie ist zu den Ergebnissen gekommen, dass MigrantInnen häufig im Zusammenhang mit Problemen gebracht werden, wobei die MigrantInnen durchaus nicht nur mit negativen Eigenschaften besetzt werden. Ortner kommt zu dem Schluss, dass die Krimireihe ihr integratives Potenzial nicht voll ausschöpft, aber dennoch einen wichtigen „Beitrag zur Diskussion des Themas Migration im deutschen Fernsehen [liefert]".[153]

Ortner zu den Ergebnissen ihrer quantitativen Untersuchung selbst:

"Eindeutig lässt sich feststellen, dass im Tatort das Thema Migration vor allem seit den 80er Jahren häufig und vielseitig diskutiert wird. Insgesamt treten Migranten in 92[154] Folgen der Reihe auf, was ungefähr 17% aller Tatort-Episoden ausmacht. Ab 1991 rücken Geschichten mit Einwanderern stärker ins Zentrum der Filme. Der Großteil der 32 Folgen, in denen sie das Hauptthema darstellen, wurde in den letzten 14 Jahren produziert."[155]

Nun stellt sich die Frage, warum seit 1991 die Geschichten mit Einwanderern stärker ins Zentrum rücken.

Bei Kretzschmar ist eine mögliche Antwort zu finden, denn sie sagt, wie weiter oben angeführt, dass mit dem Ende des Kalten Krieges die Fremdheit der Kulturen zutage tritt, die vorher zwar auch vorhanden waren, je-

152 Ortner, 2007.

153 Vgl. Ortner, 2007, S.176-179.

154 „Diese Zahl ist nicht die exakte Angabe, sondern als Richtwert zu verstehen. Ebenfalls gilt das für die 32 Filme, in denen das Migrationsthema zentral ist."

155 Ortner, 2007, S.173.

doch im Lagerdenken ‚Ost/West' eingeordnet und untergeordnet waren. Mit der Aufhebung des Lagerdenkens sei auch der europäisch-westliche Ideologiediskurs verstummt. Damit gehe einher, dass wir auch andere Akteure und Diskurse wahrnehmen, die uns fremd sind. [156]
Daraus ist zu schließen, dass die Feststellung Ortners im Zusammenhang mit eben dieser Aufhebung des Lagerdenkens zu begründen ist.

Es sind an dieser Stelle noch weitere Arbeiten anzuführen. Treutler geht in seiner Forschungsarbeit[157] auf die Frage ein, inwieweit der ‚Tatort' als Unterhaltungsfernsehen in der Lage ist, auf politische Realitäten einzugehen. Er untersucht Tatortfolgen auf deren Umgang mit dem Thema deutsch-deutsche Annäherung in der Wendezeit Anfang der 1990er und auch, wie diese politische Realität im ‚Tatort' umgesetzt wurde.
„Der TATORT (sic!) schafft es sehr wohl, in speziellen Situationen gesellschaftliche Konflikte nicht nur zu integrieren, sondern auch wirklich im Sinne der Aufklärung zu verhandeln."[158] Doch bleibt das Potenzial des ‚Tatorts', diesen deutsch-deutschen Konflikt differenziert und langfristig zu behandeln, auf der Strecke und endet in einer Orientierung an Westdeutschland.
Den Geschlechterdiskurs in der Krimireihe untersucht die Arbeit von Jürgmeier und Hürliman[159]. Sie untersuchen, ob „(...) der Mann zur Erhaltung hegemonialer Männlichkeitsnormen bestraft, ausgegrenzt, entmännlicht, lächerlich oder zur Frau gemacht(...) wird"[160] anhand von ausgewählten Tatortfolgen. Sie stellen eine „Aufweichung der Geschlechtergrenzen" fest. Ein Ergebnis der Untersuchung ist, dass Frauen eher ‚männliche' Züge und Merkmale[161] annehmen können, ohne dass dies Auswirkungen auf deren Zuschreibung ‚Frau' hat. Während die hegemoniale Männlichkeitsnorm dadurch noch bekräftigt wird, dass die Männlichkeitsdarstellung in den untersuchten Tatortfolgen – die an einigen Stellen mit eher ‚weiblichen' Merkmalen konnotiert ist – zur Folge hat, dass diese – statt eine emanzipatorische Funktion zu erfüllen – eher ins Gegenteil verkehrt (wird) und in die Lächerlichkeit abrutscht.
Dadurch wird die hegemoniale Männlichkeitsnorm eher verstärkt.

---

156 Vgl. Kretzschmar, 2002, S.17-19.

157 Treutler, 2001.

158 Treutler, 2001, S.28.

159 Jürgmeier/ Hürlimann, 2001.

160 Jürgmeier/ Hürlimann, 2001. S.98.

161 Anm: Welche auch immer diese sein mögen. Doch ist hier damit die hegemoniale Männlichkeitsnorm gemeint.

Um die „(...) Frage nach der symbolischen Zugehörigkeit zu einer Nation (...)“[162] geht es bei Morleys Beitrag ‚Nicht ‚zu Hause‘ in der Mediennation‘[163] Er betrachtet, welche Auswirkung mediale Angebote wie Rundfunk und Fernsehen auf die BürgerInnen einer Nation haben und welche Rolle der Rundfunk bei der Bildung einer nationalen Identität hat.[164] Morley zeigt, dass ein staatlicher Rundfunk ein Einheitsgefühl bei den RezipientInnen /BürgerInnen schaffen kann, was auch zeitgleich eine Abgrenzung gegenüber Anderen mit sich bringt und bringen muss, damit dieses Einheitsgefühl entstehen kann.

Auch Hipfl geht in ihrem Beitrag ‚Mediale Identitätsräume. Skizzen zu einem >spatial turn< in der Medien- und Kommunikationswissenschaft‘ auf Morley ein und fasst zusammen, dass er sein Hauptaugenmerk „(...) auf neuere Entwicklungen im Bereich von Rundfunk und Fernsehen und damit auf Medien [richtet], denen eine gewisse identitätskonstituierende Funktion insofern zugeschrieben wird, als sie die ZuhörerInnen und ZuschauerInnen mit ihren Programmen einen Raum mit vorgegebenen Positionen, die sie einnehmen können, zur Verfügung stellen." [165]
Da die Tatortreihe von öffentlich-rechtlichen Sendern produziert wird und im Durchschnitt einen sehr hohen Marktanteil erreicht, ist der Beitrag von Morley insofern anregend, als dass in dieser Untersuchung sicherlich auch zu berücksichtigen ist, inwiefern ein Einheitsgefühl durch den ‚Tatort‘ entstehen kann. Wer wird für die Herstellung dieses Gefühls ausgeschlossen und zur Konstruktion dieser Einheit als das Andere konstruiert? Antworten auf diese Fragen werden die Untersuchungen der Tatortfolgen in Kapitel 6 geben.

In diesem Kapitel wurden Ansätze und Konzepte vorgestellt, welche die theoretischen Grundlagen für die in Kapitel 6 durchgeführte Untersuchung darstellen.
Die Aufbereitung des Forschungsstandes dient auch als Grundlage zur Positionierung dieser Untersuchung, welche dann in Kapitel 6.1 erfolgt.

---

162 Morley, 2001, S.21.

163 Morley, 2001.

164 Vgl. Morley, 2001, S.21.

165 Hipfl, 2004, S.24.

4. Krimireihe ‚Tatort'

Dieses Kapitel gibt eine Einführung in die Krimireihe ‚Tatort'. Es wird dargelegt, weshalb der ‚Tatort' als Krimireihe zu bezeichnen ist, welches Konzept und welche Ideen der Reihe zugrunde liegen. Anschließend wird der Erfolg der ‚Tatort' hinterfragt.
Nach der Einführung in die Krimireihe wird in Kapitel 5 die Auswahl der Tatortfolgen eingehend diskutiert, bevor dann in Kapitel 6 die Untersuchung zur Repräsentation und Konstruktion des Anderen als Medienanalyse vorgenommen wird.

Am 29. November 1970 war es so weit: Die erste Tatortfolge ‚Taxi nach Leipzig' (vom Norddeutschen Rundfunk, NDR produziert), wurde von der ARD[166] ausgestrahlt. Seitdem wurden bis heute (Stand: 7. Febr. 2011) 802 Tatortfolgen produziert und gesendet. Doch was macht die Krimireihe so erfolgreich? Um hier eine Antwort zu liefern, wird in Abschnitt 4.1 erläutert, welche Konzeption hinter der Tatortreihe steht. Außerdem wird diskutiert, was den ‚Tatort' als *Krimi*-Reihe ausmacht und was unter einer Krimi- *Reihe* zu verstehen ist.

4.1 Kleine Einführung in den ‚Tatort'

Der ‚Tatort' wird dem Krimigenre zugeordnet. Ein Genre umfasst Muster und Konventionen, die sich im Laufe der Film- und Fernsehgeschichte entwickelt haben.[167] Mikos zählt auf, wie sich einzelne Genres entwikkeln und welche sich bis heute herausgebildet haben. Für diese Untersuchung ist das Krimigenre von besonderer Bedeutung.
Das Kriminalgenre „enthält nicht nur Hinweise darauf, wie die Themen Gewalt, Recht, Verrätselung und Detektion narrativ gestaltet werden können. Auch deren Einbindung in soziale, kulturelle und räumliche Kontexte ist ein wesentliches Gestaltungsmerkmal des Fernsehkrimis (...)".[168] Mikos legt schlüssig dar, dass der Krimi eher ein urbanes Erzählgenre[169] ist. „Im Mittelpunkt [des Krimis, d.Verf.] steht das Verbrechen und in der Regel seine Aufklärung."[170]

---

166 Anm.: Die Abkürzung ARD steht für ‚Arbeitsgemeinschaft der öffentlich-rechtlichen Rundfunkanstalten der Bundesrepublik Deutschland' und ist ein Verbund der öffentlich- rechtlichen Sendeanstalten in der Bundesrepublik Deutschland.

167 Vgl. Mikos, 2008, S.262.

168 Bollhöfer, 2007, S.17.

169 Vgl. Mikos, 2008, S.232.

170 Brück et al., 2003, S.

Das Verbrechen ist also ein zentrales Element und „Das Verbrechen ist vorhanden als Verletzung der sozialen Norm (…)".[171] Durch das Durchbrechen dieser gesellschaftlichen Norm wird jemand zur TäterIn und stellt sich durch diesen Akt außerhalb der Ordnung, wird so zum Anderen. Das Andere stellt im Krimi ein zentrales Element dar. „Durch die Arbeit (…) wird der Fall gelöst, der Verbrecher dingfest gemacht und die durch ihn gestörte Ordnung wiederhergestellt."[172] Erfolgreiche Verbrechensbekämpfung steht dafür, dass Ordnung wiederhergestellt wird,[173] denn „mit dem nach der Überführung des Verbrechers wiederhergestellten, störungsfreien Zustand ante rem gewinnt der Leser[174] seine Gewißheit zurück, in einer gerechten, funktionierenden, zumindest aber in einer reparablen Welt zu leben."[175]
Nusser sieht in der „Abweichung vom Gewohnten und seiner Wiederherstellung"[176] sogar den Unterhaltungswert des Krimis.
Es zeigt sich hier, dass das Genre Krimi sich besonders anbietet, um das Andere zu untersuchen und näher zu betrachten.

Zur Geschichte des Krimis von seinen Anfängen in der Literatur und dem Krimi in Film und Fernsehen hat Zwaenepoel[177] einen äußerst umfassenden und grundlegenden Beitrag geliefert.

Es ist noch die Frage zu beantworten, warum der ‚Tatort' als Krimi-*Reihe* bezeichnet wird. Dies wird durch die Diskussion des ‚Tatort'-Konzepts deutlich.
Die Idee zum ‚Tatort' kam von dem Dramaturgen Gunther Witte, der vom damaligen Chef des WDR (Westdeutscher Rundfunk) – Fernsehspiels, Günther Rohrbach, den Auftrag erhielt, ein Konzept für einen neuen Krimi zu entwickeln.
Die Konzeption des ‚Tatort' findet ihre Begründung in dem ebenfalls erfolgreichen ZDF-Fernsehkrimi ‚Der Kommissar'. Die ARD wollte mit einer eigenen Krimiserie dagegenhalten, doch da es aus Kostengründen einer Sendeanstalt allein nicht möglich gewesen wäre, den 90-minütigen

171 Buchholz, 2006, S.30.

172 Lindner, 2004, S.92.

173 Vgl. Lindner, 2004, S.92.

174 Anm.: und auch die FernsehzuschauerIn, also die RezipientIn.

175 Nusser, 2003,S 156.

176 Nusser, 2004, S.161.

177 Zwaenepoel, 2004.

Sendeplatz auszufüllen, kam die Idee, sich die föderale Struktur der ARD zu Nutze zu machen.[178]
So wurde der ‚Tatort' als föderale Krimi-*Reihe* entworfen, dessen föderale Struktur sich ebenfalls in den Charakteristika wiederfindet: Unter dem Fernsehdirektor des damaligen SDR (Süddeutscher Rundfunk) Jeadicke, wurde ein Strategiepapier entwickelt, das folgende Charakteristika für den ‚Tatort' vorsah: „- Der polizeiliche Ermittlungsraum ist auf das Hoheitsgebiet des jeweiligen Regionalsenders bezogen (das in der Regel mit den jeweiligen Hoheitsgebieten der jeweiligen Landeskriminalämter identisch ist). - Jeder Sender konstruiert eine eigene Figur eines Kriminalbeamten, - Die Ermittlungen beziehen nicht nur Kapital- sondern auch kleinere Verbrechen mit ein.- Die Erzählhaltung setzt sich von amerikanischen Serien ab (‚kriminalistische Hausmannskost'). - Die unterschiedlichen Handlungen und Charaktere der Teilreihen werden von Zeit zu Zeit miteinander verzahnt. -Der Erzählstil bewegt sich zwischen ‚dokumentarisch' und ‚fiktiv'."[179] Nicht alle der ursprünglich angelegten charakteristischen Elemente wurden in ihrer reinen Form beibehalten. Dass der Erzählstil ursprünglich so angelegt wurde, dass er sich zwischen „dokumentarisch" und „fiktiv" bewegt, erklärt, was Bollhöfer unter dem Begriff der „Realitätsästhetik"[180] versteht. Der ‚Tatort' zeichnet sich weiter durch einen festen Sendeplatz[181] und den durch das Konzept und die föderale Struktur bedingten sogen. ‚Lokalkolorit' aus. Es handelt sich um eine Reihe, da durch die föderale Struktur kein einheitlicher Handlungsrahmen vorhanden ist und die Sendeanstalten jeweils ihre eigene Tatortreihe mit eigenen Protagonisten produzieren. Dennoch orientieren sich die einzelnen Teilreihen an dem gleichen Konzept und am Ende werden sie unter dem Label ‚Tatort' am Sonntag um 20.15 Uhr in der ARD vereint.[182]
Der Vollständigkeit halber wird hier ein aktueller Überblick über die einzelnen Sendeanstalten, die Anzahl der durchschnittlich produzierten Tatortfolgen pro Jahr und die Stadt, bzw. die Städte, in der der jeweilige ‚Tatort' spielt, gegeben:

BR (Bayrischer Rundfunk)→ rd. 3 Folgen jährlich→ München.
HR (Hessischer Rundfunk)→ rd. 2 Folgen jährlich→ Frankfurt am Main.
MDR (Mitteldeutscher Rundfunk)→ rd. 3 Folgen jährlich→ Leipzig.

---

178 Vgl. Kersten, 2009, S.137; Pundt, 2002, S.21.
179 Pundt, 2002, S.21-22.
180 Bollhöfer, 2007, S.18; siehe auch Kapitel 4.2.
181 Anm.: Sonntag, 20.15 Uhr.
182 Vgl. Zwaenepoel, 2004, S.154.

NDR (Norddeutscher Rundfunk)→ rd.6 Folgen jährlich→ Hamburg, Kiel, Hannover.
RB (Radio Bremen)→ rd. 2 Folgen jährlich→ Bremen.
RBB (Rundfunk Berlin-Brandenburg)→ rd.2 Folgen jährlich→ Berlin.
SR (Saarländischer Rundfunk)→ rd.1 Folge jährlich→ Saarbrücken.
SWR (Südwestrundfunk)→ rd.7 Folgen jährlich→ Konstanz, Ludwigshafen, Stuttgart.
WDR (Westdeutscher Rundfunk)→ rd. 5 Folgen jährlich→ Köln, Münster.

Auch der **ORF** (Österreichischer Rundfunk) beteiligt sich bei den Tatortfolgen mit rd. 2 Produktionen pro Jahr, welche dann hauptsächlich in Wien spielen.
Das Schweizer Fernsehen **(SF)** hat von 1989 bis 2001 ebenfalls Tatortfolgen produziert.[183]
Es ist hier noch anzumerken, dass die Anzahl der durchschnittlichen Folgen pro Jahr, die eine Sendeanstalt produziert, hauptsächlich von dem zur Verfügung stehenden Etat abhängt.[184]
Sonntags um 20.15 Uhr ist ‚Tatort'-Zeit, doch wie viele ZuschauerInnen hat der ‚Tatort'?
Im nächsten Kapitel werden die durchschnittlichen ZuschauerInnenzahlen dargelegt und der Erfolg ‚Tatort' diskutiert.

4.2 Erfolgreichste Krimireihe im deutschen Fernsehen

"Der Tatort ist als über 600 Folgen umfassende Spielfilmreihe die wohl wichtigste Institution der deutschen Fernsehkultur. Und es ist gerade die Serialität, der der Tatort seine Alltäglichkeit verdankt und die sich auf Produktions-, Text- und Rezeptionsebene äußert: durch den festen Sendeplatz, der auch als sozialer Zeitgeber fungiert, durch die Erkennungsmelodie und den einheitlichen Trailer sowie durch die relative Konstanz an Ermittlern und Einsatzorten. Mit regelmäßig über 20 Prozent Marktanteil und durchschnittlich rund acht Millionen Zuschauern ist die Krimireihe seit Jahren die beliebteste Fernsehsendung Deutschlands."[185]
Bollhöfer fasst hier zusammen, was sich durch Zahlen aus einer Studie zum ‚Angebot, Nutzung und Bewertung von Kriminalfilmen und -serien'[186] belegen lässt:

> „Der ‚Tatort' ist der meistgesehene Krimi im deutschen Fernsehen. Die üblicherweise sonntags um 20.15 Uhr im Ersten Programm ausgestrahlten ‚Tatort'-Folgen erreichten im Jahr 2004 eine durchschnittliche Zuschauerzahl von

183 Vgl. http://www.ard.de/intern/-/id=1886/1vivtml/index.html, 29.07.09; http://www. Tatort-fundus.de, 28.07.2009.

184 Vgl. Wehn, 1998, S.5.

185 Bollhöfer, 2007, S.18.

186 Vgl. Zubayr, Geese, 2005.

> 7,70 Millionen und damit mehr als jede andere Krimireihe oder -serie. Der entsprechende Marktanteil lag bei 22,4 Prozent (...). Diese Vorrangstellung bei den Zuschauern ist aber keine Besonderheit des Jahres 2004: Für die älteste Krimireihe im deutschen Fernsehen wurden auch schon in der Vergangenheit stets die höchsten Zuschauerzahlen gemessen."[187]

So viel zu dem kommerziellen Erfolg der Krimireihe. Man könnte zu der Schlussfolgerung kommen, dass von den hohen ZuschauerInnenzahlen auch die Qualität der Reihe abzulesen ist. Zubayr/Geese gehen in ihrer Studie jedoch gesondert auf diese Frage ein und lassen 12 Krimis[188]– der öffentlich-rechtlichen und der privaten Sender – bewerten.[189] Als Ergebnis der Befragung nach der Qualität der Krimis kam Folgendes heraus: „Von allen Krimis erhält der ‚Tatort' das beste Gesamturteil: 70 Prozent seines Publikums bewerten den ‚Tatort' als ‚sehr gut' oder ‚gut'– das ist der höchste Wert aller zwölf untersuchten Krimis. Das Urteil in den einzelnen Bevölkerungsgruppen weicht kaum vom Gesamturteil ab, jedenfalls ist es stets der ‚Tatort', der die höchsten Zustimmungswerte auf sich vereinigen kann. (...)".
Auch für die jüngere Generation (14-49 Jahre) ist der ‚Tatort' die „beste" Krimireihe.[190]

Neben dem kommerziellen Erfolg, der sich an ZuschauerInnenzahlen messen lässt, ist auch anzumerken, dass die Fans des ‚Tatort' einige Fanseiten im Internet hervorgebracht haben, die sehr umfangreich, detailliert und liebevoll gestaltet werden.[191]
Wie kommt es zu so einem überwältigenden Erfolg? Neben den in Kapitel 2 angesprochenen Kriterien ist *eine* Antwort die von Bollhöfer:

> "Ein wesentlicher Grund für den Erfolg der Reihe ist sicherlich in dem sender- und länderübergreifenden Konzept zu finden. Der *Tatort* wurde als Kriminserie entwickelt, welche die föderale Struktur des deutschen Fernsehraums widerspiegeln sollte: Jede deutsche Sendeanstalt sowie das österreichische (ORF) und das schweizerische Fernsehen (SF) konnten eigenständige, regio-

---

187 Zubayr/Geese, 2005, S.515.

188 Tatort (ARD); Bella Block (ZDF); Ein Fall für zwei (ZDF); Der Bulle von Tölz (SAT.1); Die Kommissarin (ARD); Polizeiruf 110 (ARD); Im Namen des Gesetzes (RTL); Wilsberg (ZDF); Wolffs Revier (SAT.1); Ein starkes Team (ZDF); SOKO Leipzig (ZDF);Doppelter Einsatz (RTL), vgl. Zubayr/Geese, 2005, S.518.

189 „Zunächst wurde dabei nach einem Gesamturteil für jede Krimiserie gefragt, und zwar nur bei denjenigen Zuschauern, die die jeweiligen Serien auch tatsächlich sehen." (Zubayr/Geese, 2005, S.517).

190 Zubayr, Geese, 2005, S.518.

191 Es sind hier u.a. die Seiten http://www.tatort-fundus.de (28.07.2009) und http://tatort-fans.de (28.07.2009) zu nennen.

> nal agierende Ermittler(-teams) auf Verbrecherjagd schicken. Als wichtigstes stilistisches Merkmal wurde dem *Tatort* damit eine Realitätsästhetik eingeschrieben, die den Zuschauern eine authentische Beziehung zu den lokalen Ereignissen und eine größtmögliche Nähe zur Lebenswirklichkeit offeriert(...)."[192]

Neben dem föderalen Konzept der Krimireihe spielen sicherlich auch die „lebensnahen, aktionsreichen Krimi-Geschichten mit starken Identifikationsfiguren“ [193] eine Rolle.
Dieses Kapitel kann im Rahmen dieser Untersuchung nur einen Überblick liefern, daher wird weitergehende Literatur zur Vertiefung in die Thematik ‚Tatort‘ empfohlen.[194]

Nachdem hier eine kurze Einführung in die Krimireihe ‚Tatort‘ und dessen Erfolg gegeben wurde, werden im nächsten Kapitel die ausgewählten Folgen vorgestellt.

---

192 Bollhöfer, 2007, S.18.

193 Wehn, 1998, S.5.

194 Vgl. Bollhöfer, 2007; Kersten, 2009; Ortner, 2007; Pundt, 2002; Treutler, 2001; Welke, 2005; Wenzel, 2000; Zubayr/Gesse, 2005; Zubayr/Gerhard, 2009; Zwaenepoel, 2004.

5. Relevante Tatortfolgen

Dieses Kapitel beschäftigt sich mit den in Kapitel 6 untersuchten Tatortfolgen und legt eine begründete Folgenauswahl dar. Im Anschluss daran werden die Inhalte vorgestellt und es wird auf die produzierenden Sendeanstalten als auch auf den Marktanteil eingegangen.

5.1 Begründete Folgenauswahl

Die vorliegende Untersuchung beschränkt sich auf drei Folgen. Von rund 15 relevanten Produktionen wurden für drei Folgen im Zusammenhang mit dem Themenschwerpunkt der Untersuchung signifikante Ansatzpunkte für die Untersuchung erkannt.
Daneben haben die drei ausgewählten Folgen zum Teil auch heftige öffentliche Reaktionen hervorgerufen, die teilweise auch in der Presse dokumentiert sind[195]. Die dadurch erlangte politische Relevanz machen sie für eine Analyse zusätzlich interessant.
Für die Untersuchung wurden diese drei Folgen ausgewählt:

‚Wem Ehre gebührt'; (NDR, 23.12.2007) ‚Baum der Erlösung' (ORF, 04.01.2009) und ‚Familienaufstellung' (RB/WDR, 08.02.2009).
Die Abfolge der Folgen ergibt sich aus der Chronologie der Erstaussendungstermine. Die Informationen zu den Erstaussendungsterminen, den produzierenden Sendeanstalten und den Marktanteilen finden sich bei den Inhaltsangaben der Folgen, die sich diesem Abschnitt anschließen.

Es folgen hier nun die selbstverfassten Inhaltsangaben der Folgen, wobei dies der Ausführung des Arbeitsschrittes „Beschreibung der Datenbasis" [196] nach Mikos entspricht.

5.2 ‚Wem Ehre gebührt'

‚Wem Ehre gebührt', Folge 684, wurde vom NDR in Hannover und Lüneburg produziert und spielt in Hannover. Die Erstausstrahlung war am 23.12.2007 und die Folge hatte mit 6,59 Millionen ZuschauerInnen einen Marktanteil von 18,9 Prozent.[197]
Es folgt nun die selbstverfasste Inhaltsangabe:

---

195 Ausgesuchte Artikel, welche die Reaktionen auf die Folgen widerspiegeln, sind im Anhang dieser Arbeit beigefügt.

196 Vgl. Mikos, 2008, S.90.

197 Vgl. http://www.tatort-fundus.de/web/index.php?id=5799, 05.08.2009.

Kommissarin Charlotte Lindholm wird aufgrund ihrer Schwangerschaft in den Innendienst des LKA (Landeskriminalamt) versetzt. Ihr machen die Mutterschutzrrichtlinienverordnung und ihr neuer Chef Bitomsky schwer zu schaffen. Sie fühlt sich selbst nicht als besonders schutzbedürftig und fühlt sich durch ihre Schwangerschaft eingeschränkt. Mit ihren neuen KollegInnen in ihrem Großraumbüro kommt sie auch nicht zurecht und versucht sich als Einzelkämpferin durchzuschlagen.
Ihr neuer Kollege Attila Aslan, ein Deutsch-Türke, ist mit einem Raubkopiererfall betraut, als die Schwester des Informanten Galip Özkan tot in ihrer Wohnung aufgefunden wird. Lindholm widersetzt sich den Anweisungen von Bitomsky und fährt zur Wohnung, wo die Tote aufgefunden wurde. Es sieht alles nach Selbstmord durch Erhängen aus.
Da die junge Afife Özkan aus einer deutsch-türkischen Familie stammt und ihren Mann Erdal gerade erst in der Türkei geheiratet hat, vermutet Lindholm einen Ehrenmord. Als sie schließlich noch einen Koffer in der Wohnung findet und ihn Afife zuordnet, fühlt sie sich in ihrer Vermutung bestätigt. Sie entwickelt die Theorie, dass Afife einen Geliebten hatte und ihren Mann Erdal verlassen wollte. Dieser, oder Afifes Familie, wollten dies verhindern und so musste Afife sterben.
Bei ihrem Kollegen Aslan stößt Lindholm mit der Ehrenmordtheorie auf Widerstand. Er wirft ihr klischeehaftes Denken vor. Doch Lindholm lässt sich von ihrer Theorie nicht abbringen. Dann taucht Selda Özkan, die jüngere Schwester von Afife, auf und behauptet ebenfalls, dass Afife umgebracht worden ist, sagt aber nicht warum und vom wem.
Zu Hause wird Lindholm von ihrem Mitbewohner Martin liebevoll umsorgt. Er macht sich Gedanken um das Kind und macht sich Sorgen, da Charlotte sich anscheinend keine macht.
Es stellt sich heraus, dass Selda – die als einziges Familienmitglied ein Kopftuch trägt – schwanger ist. Sie verweigert aber die Angaben zu dem Vater des Kindes. Da Lindholm das innige Verhältnis von Selda und Erdal bemerkt, entwickelt sie die Theorie, dass Erdal der Vater von Seldas Kind ist und Afife deswegen sterben musste.
Doch am Ende kommt es ganz anders: Es kommt heraus, dass Afife in die Raubkopierersache verwickelt war und in einem Dorf in der Türkei einen Server installiert hat. Dort hat sie Erdal kennen und lieben gelernt. Sie hat ihn geheiratet und mit nach Deutschland genommen. Die Özkans sind alevitischen und Erdal ist sunnitischen Glaubens, weswegen die Eltern Afifes in der Hinsicht ein Problem mit Erdal haben. Erdal hat auch Selda den sunnitischen Glauben nähergebracht, was auch der Grund für ihr Kopftuch ist. Galip hat herausgefunden, dass seine Schwester in die Raubkopierersache verwickelt war und wollte erst, dass sie ihre Spuren verwischt, bevor er als Informant mit dem LKA spricht.

Selda wurde von ihrem Vater mißbraucht und ist schwanger von ihm. Der Koffer in Afifes Wohnung stammt von ihr, da Selda zu Afife und Erdal ziehen wollte –weg von ihrem Vater. Afife ist zur Baustelle ihres Vaters gegangen, der gerade ein Haus für die Familie baut, und hat ihn mit dem Mißbrauch konfrontiert. Sie drohte ihm an, zur Polizei zu gehen. Der Vater sah seine Familie zerstört und erwürgte Afife schließlich mit einem Kabel, schaffte sie in ihre Wohnung und ließ alles wie einen Selbstmord aussehen.

5.3 ‚Baum der Erlösung'

‚Baum der Erlösung', Folge 717, wurde vom ORF in Wien, Innsbruck, in Telfs und in der Umgebung von Telfs produziert und spielt hauptsächlich in Telfs. Die Erstausstrahlung war am 04.01.2009 und die Folge hatte mit 8,10 Millionen ZuschauerInnen einen Marktanteil von 21,80 Prozent.[198]
Es folgt nun hier die selbstverfasste Inhaltsangabe:
In der Folge ‚Baum der Erlösung' geht es um einen Mord an einem jungen Paar in dem Tiroler Ort Telfs. Kommissar Moritz Eisler wird von seinem Vorgesetzten von Wien nach Telfs geschickt, da es sich dabei um den „Ort mit dem Minarett" handelt. Eisler arbeitet in Telfs mit seinen Kollegen Özdemir und Pfurtschaller zusammen: Özdemir hat türkische Vorfahren und Pfrutschaller ist ein alteingesessener Telfer. Das ermordete Paar sind Ayse Ozbay und ihr einheimischer Freund Martin. Ayse wurde am ‚Baum der Erlösung' erhängt, der deswegen so heißt, da sich schon viele junge Frauen dort erhängt haben, um so einer Zwangsheirat zu entkommen, sie suchen Erlösung im Tod.
Ayse hat sich dort allerdings nicht selbst erhängt, sondern wurde umgebracht. Ihr Freund Martin wurde erschlagen. Zwischen den Einheimischen und den ‚Türken', wie sie genannt werden, herrscht eine angespannte Stimmung.
Die Telfer haben Gastarbeiter in ihren Ort geholt, die sich nun niedergelassen haben. Die Tiroler und die Türken haben Angst vor der Vermischung der Kulturen. Die türkische Gemeinde Telfs hat in dem Ort eine Moschee mit einem Minarett gebaut. Fast alle einheimischen Telfer waren dagegen, doch der Bürgermeister des Ortes hat sich gegen die Protestler durchgesetzt und die Zustimmung zum Bau gegeben. Die türkische Gemeinde musste allerdings auf einen Muezzin und die große Variante des Minaretts verzichten, sodass das Minarett nur verkürzt gebaut werden konnte. Vor allem im Vergleich zur Kirche des Ortes wirkt das

198 Vgl. http://www.tatort-fundus.de/web/folgen/chrono/2009/717-baum-dererloesung.html, 08.08.2009.

Minarett eher klein. Der Bürgermeister hat sich durch sein OK für den Bau nicht besonders beliebt gemacht bei den Einheimischen.
Melisa Ozbay, die Schwester der getöteten Ayse, hat ebenfalls wie ihre Schwester einen einheimischen Freund: Christian Larcher, der Sohn des Anführers der Minarettbaugegner Klaus Larcher. Melisas Vater ist außer sich und schickt seine Söhne Serkan und Ernan, um Melisa zu verschleppen, er will sie in die Türkei schicken, wo sie einen Cousin heiraten soll, den sie nicht kennt.
Christian und sein Bruder Georg befreien Melisa und fliehen mit ihr. Georg gibt vor ihnen helfen zu wollen. Doch als er Serkan eine Falle stellen will, stellt sich heraus, dass Georg der Mörder von Ayse und Martin ist und nun auch noch Melisa und ihren Bruder umbringen wollte. Als Georg von Eisler, Özdemir und Pfurtschaller festgenommen wird, bringt er sich schließlich selbst auch noch um. Klaus Larcher muss sehen, dass sein Hass soweit geführt hat, dass sein Sohn ein Mörder geworden ist.
Klaus Larcher geht in die Moschee zu seinem bis dato Erzrivalen Kazim Ozbay und kniet sich wortlos neben ihn. In ihrem Hass aufeinander, der aus der Angst voreinander rührt, sind sie doch gleich: Beide haben ein Kind verloren und müssen einsehen, dass sie sich nicht durch ‚Vermischung' auslöschen, sondern aus der Angst davor.

5.4 ‚Familienaufstellung'

‚Familienaufstellung', eine Gemeinschaftsproduktion des RB und WDR, wurde in Bremen und Hamburg gedreht. Die Folge selbst spielt in Bremen. Die Erstausstrahlung war am 08.02.2009 und die Folge hatte mit 8,45 Millionen ZuschauerInnen einen Marktanteil von 22,9 Prozent.[199] Es ist die 721. Folge der Krimireihe.
Hier die selbstverfasste Inhaltsangabe:

Rojin Lewald – eine angehende Ärztin aus einer deutsch-türkischen Familie – wird von ihrem deutschen Mann Phillip Lewald tot in ihrer Wohnung aufgefunden. Ein Abschiedsbrief Rojins deutet auf Selbstmord hin, doch nach kurzer Zeit stellt sich heraus, dass Rojin getötet wurde. Die Kommissare Inga Lürsen und Nils Stedefreund ermitteln in Rojins Umgebung und in ihrer Familie.
Die Familie Korkmaz – wie Rojin mit Mädchennamen heißt – ist eine wohlhabende gut situierte Familie. Der Vater Durmus Korkmaz hat ein

---

199 Vgl. http://www.tatort-fundus.de/web/folgen/chrono/2009/721-familienaufstellung.html, 08.08.2009.

gut gehendes Unternehmen aufgebaut und ist „stolz“ darauf. Auf den Kommissar Stedefreund, der extra für Ermittlungen Türkisch gelernt hat, wirken die Korkmaz‘ „traditionell und trotzdem sehr westlich“.
Die Kommissare gehen dennoch bald von einem Ehrenmordmotiv aus, da Rojin sich von ihrem deutschen Mann scheiden lassen wollte. Die Anwältin und Jugendfreundin von Rojin – Dilek Ilhan – verstärkt die Ehrenmordtheorie durch ihre Aussagen. Ilhan stellt die Familie Korkmaz als kaltblütig dar und sagt, dass die Familie bei den Korkmaz‘ über allem stehe.
Die Kommissare sind bei weiteren Ermittlungen darüber verwundert, dass die Familie die anstehende Hochzeit der jüngsten Tochter Arzu mit einem Cousin „aus Anatolien“ nicht absagt, obwohl ihre Tochter Rojin umgebracht wurde. Es kommt zur Sprache, dass die anatolischen Verwandten, die extra aus der Türkei angereist sind, es sich nicht leisten könnten, wegen einer Verschiebung der Hochzeit noch ein zweites Mal anzureisen.
Der Cousin, den Arzu heiraten soll, ist zuvor von Rojin abgelehnt worden. Rojin hatte sich von ihrer Familie „befreit“ und ihre individuellen Begehrlichkeiten über die der Familie gestellt.
Arzu gerät ebenfalls in einen Gewissenskonflikt, da sie sich in einen anderen jungen Mann verliebt hat. Sie ist hin- und hergerissen zwischen ihren eigenen und den Wünschen der Familie, die von ihrer Liebschaft nichts weiß. Als Arzu sich letztendlich entschließt, nun doch den von der Familie für sie ausgesuchten Mann zu heiraten, bittet sie ihre Schwester Rojin um Hilfe. Also angehende Ärztin soll sie ihr das Jungfernhäutchen wieder „zunähen“, damit „niemand etwas merkt“.
Doch Rojin weigert sich und will sie überreden, sich zu ihrem Freund zu bekennen und der Familie mitzuteilen, dass sie sich gegen den Cousin entscheidet. Falls Arzu dies nicht selbst macht, wird Rojin ihre Eltern anrufen und ihnen alles erzählen. Da Arzu von Dilek Ilhan, die sie mit ihrem Freund Haydar beobachtet hatte, ebenfalls angedroht wurde, alles der Familie zu erzählen, mussten Rojin und Dilek Ilhan sterben. Die Angst, Schande über die Familie zu bringen, hat Arzu zur Mörderin gemacht.

6. Untersuchung zur Repräsentation und Konstruktion des Anderen

In diesem Kapitel findet die konkrete Untersuchung der in Kapitel 5 begründet ausgewählten und diskutierten Tatortfolgen statt. Zunächst wird die Untersuchung mit Hilfe vorausgeganger Untersuchungen bzw. Arbeiten, wie sie in Kapitel 3.2 erörtert wurden, positioniert. Im Anschluss daran wird der Untersuchungsvorgang dargelegt, welcher der in Kapitel 1.4 erörterten methodischen Vorgehensweise entspricht, bevor die Medienanalyse der ausgewählten Folgen vorgenommen wird.

6.1 Positionierung der Untersuchung

Die Positionierung dieser Untersuchung orientiert sich an den in Kapitel 3.2 diskutierten Forschungsständen vorangegangener Arbeiten.
Kretzschmar[200] untersucht ‚das Fremde im europäischen Fernsehen' und Ortner[201] geht auf die Thematik der MigrantInnen in der Krimireihe ‚Tatort' ein und expliziert damit ‚das Fremde' hin zu ‚MigrantInnen'. Jürgmeier/Hürliman[202] untersuchen speziell die Geschlechterkonstruktionen in der Krimireihe und die vorliegende Untersuchung schließt an diese Konstruktionen des Anderen als den Fremden, als die MigrantIn und als das andere Geschlecht an.
Diese Arbeit erweitert den Begriff des Anderen, wie er in den vorgestellten Arbeiten verwendet wurde und richtet mit Hilfe von verschiedenen Konzepten und Ansätzen[203] den Blick auf die grundsätzliche Frage, was letztendlich als das Andere repräsentiert und konstruiert wird.

6.2 Untersuchungsvorgang

Der Untersuchungsvorgang richtet sich nach den von Mikos für eine Medienanalyse vorgeschlagenen Arbeitsschritten, wie sie bereits in Kapitel 1.4. diskutiert wurden.
Nach anfänglichen Überlegungen erfolgt doch keine Image-Analyse nach Lacey[204], da sie für diese Untersuchung nicht zielführend erscheint. An einigen Stellen wird zwar auch auf die Kameraeinstellung, den Bildaus-

---

200 Vgl. Kretzschmar, 2002.

201 Vgl. Ortner, 2007.

202 Jürgmeier/Hürlimann, 2001.

203 Anm.: Die Konzepte und Ansätze wurden in Kapitel 3.1. eingehend diskutiert.

204 Vgl. Lacey, 1998.

schnitt und die Perspektive zu achten sein, jedoch nur dann, wenn es für die Repräsentation und die Konstruktion des Anderen besonders relevant erscheint.

Bei der Untersuchung der Folge ‚Wem Ehre gebührt' bietet sich eher eine chronologische Vorgehensweise an, während bei ‚Baum der Erlösung' und ‚Familienaufstellung' eher eine Vorgehensweise sinnvoll ist, welche auf die Darstellung der Zusammenhänge der Konstruktionen zielt. Diese begründet sich in den jeweiligen Handlungen und der Dramaturgie. Die Verbindungen zu den Konzepten und Ansätzen zu Konstruktionen des Anderen, wie sie in Kapitel 3 diskutiert wurden, werden in der Analyse hergestellt und in den Ergebnissen der Untersuchung[205] explizit herausgestellt.

6.3 Medienanalyse ausgewählter Folgen

In diesem Abschnitt kommt es zur konkreten Untersuchung der in Kapitel 5 vorgestellten Tatortfolgen hinsichtlich der Repräsentation und Konstruktion des Anderen. Die methodische Vorgehensweise der Untersuchung wurde bereits in den Abschnitten 1.4 und 6.2. erläutert. Die Ergebnisse der Untersuchungen werden in Kapitel 7.1 zusammengefasst und dann in Kapitel 7.2 gegenübergestellt und diskutiert.

6.3.1 ‚Wem Ehre gebührt'

Bei der Tatortfolge ‚Wem Ehre gebührt' wird das Andere in vielschichtiger Weise konstruiert. Es beginnt damit, dass die Kommissarin Lindholm aufgrund ihrer Schwangerschaft in den Innendienst versetzt wird. Sie geht durch die Gänge des LKA (Landeskriminalamt) und wird von den KollegInnen mit den Worten „Mahlzeit" angesprochen, doch sie reagiert nicht. Sie wirkt einsam und unglücklich.
Schon hier beginnt die Konstruktion der Charlotte Lindholm als das Andere. Sie fühlt sich nicht zugehörig zu der bürokratischen Kultur innerhalb des LKA. „Ihr Körper braucht aber am Mittag schon was warmes, vor allem Sie, in ihrem Zustand." Eine Kollegin aus dem Großraumbüro, in dem Charlotte Lindholm nun sitzt, ist der Meinung, dass die Kommissarin etwas essen sollte, obwohl diese gesagt hat, dass sie noch nicht essen will. Doch es scheint, als ob Lindholm nicht mehr ‚Herr' ihrer eigenen Entscheidungen sein kann, da sie schwanger ist und die Bedürfnisse des Kindes über ihre eigenen Bedürfnisse stellen müsse.

205 Anm.: wie sie in Kapitel 7 dargestellt werden.

Dies ist die erste Szene, bei der Lindholm als das Andere als Schwangere konstruiert wird. Sie wirkt in ihrem Großraumbüro ziemlich allein, da alle Kollegen ‚zu Tisch‘ sind. Sie hält die Langeweile und Tristesse, welche das dargestellte Großraumbüro vermittelt, nicht mehr aus und verlässt es. Sie trifft mit ihrem Vorgesetzten zusammen und merkt an, dass sie ein Einzelzimmer bekommen will.
Dies deutet darauf hin, dass sie sich sehr unwohl fühlt in ihrem Großraumbüro und mit Vorliebe von ihren KollegInnen räumlich abgetrennt wäre. Sie ist sogar schon aktiv geworden und hat sich erkundigt, wo ein Einzelbüro frei wäre, es scheint ihr damit also ernst zu sein. Bei dieser Begegnung stellt Lindholms Chef ihr seinen Nachfolger vor. Lindholm begrüßt ihn freundlich, erhält aber keine Reaktion. Er nickt nur kurz und verzieht keinen Mundwinkel.
Hier kommt es zur binären Konstruktion von Mann/Frau, lächelnd/ nicht lächelnd, wobei der neue Vorgesetzte den dominanten Pol der Konstruktion innehat. In einer weiteren Szene kommt es zum Zusammenstoß von Lindholm in ihrem Auto und einer Frau. Lindholm bremst stark und steigt aus um sich nach dem Befinden der jungen Frau zu erkundigen. Doch „es ist alles in Ordnung“. Plötzlich taucht ein junger Mann auf und die beiden reden in einer anderen Sprache (als auf Deutsch). Durch das Setting (eine Straße vor einem Gemüseladen) und das Äußere der beiden könnte man vermuten[206], dass es sich um Türkisch handelt.
Eine Bestätigung für diese Vermutung wird nicht geliefert. Durch die Sprache und durch ihr Äußeres (eine weiße Frau mit blonden Haaren) wird Lindholm hier wiederum Teil einer Differenzkonstruktion.

Nach einem Schnitt kommt es zu einer weiteren interessanten Szene: Lindholm sitzt ihrem männlichen Mitbewohner Martin am Esstisch gegenüber. Die Stereotype Rollenverteilung wird hier umgedreht, wodurch sie letztendlich wieder bestätigt wird. Es wirkt ‚untypisch‘, dass der Mann gekocht hat und es der Frau aber nicht schmeckt. *Sie* sitzt während des Essens vor einem Laptop und spielt. Lindholm verkörpert hier stereotype männliche Eigenschaften, die durch eine Spiegelung der ‚typischen‘ weiblichen Eigenschaften ihres Mitbewohners Martin zu Tage treten und dadurch als anders konstruiert werden. Säße sie allein am Esstisch vor ihrem Laptop, würden diese Differenzen nicht auffallen.
Am nächsten Morgen trifft Lindholm im Eingangsbereich des LKA auf ihren Kollegen Aslan, der mit zwei weiteren Kollegen unterwegs ist. Es geht um „die Raubkopierersache“ und Lindholm geht ganz selbstverständlich davon aus, dass „wir“ dann in der Sache ermitteln und als näch-

[206] Wobei diese Vermutung wiederum auf stereotypen Vorstellungen gründet

ster Schritt die Observation anfällt. Lindholm geht in einen Fahrstuhl und erwartet, dass die anderen nachkommen. Doch Aslan und seine Kollegen stellen sich vor dem Fahrstuhl auf: „Wir, nicht wir." Mit dem ersten „wir" sind Aslan und seine Kollegen gemeint, mit dem zweiten „wir" Aslan, seine Kollegen *und* Lindholm.

Dadurch kommt es zu einer binären Differenzkonstruktion in doppelter Hinsicht: auf der einen Seite durch die Differenz von männlich/weiblich und auf der anderen Seite durch die Kollegen, die in den Außendienst ‚dürfen' und Lindholm, die aufgrund der Mutterschutzrichtlinienverordnung (MuSchRIV) nur nach Ermessen des Vorgesetzten in den Außendienst darf. In einer weiteren Szene sitzt Lindholm mit einer Kollegin im Großraumbüro.

Es kommt ein Anruf, dass die „Schwester des Informanten der Raubkopierersache" tot in ihrer Wohnung aufgefunden wurde. Lindholm nimmt sich des Falles an, obwohl sie von ihrem Vorgesetzten ein ausdrückliches Verbot erteilt bekommen hat, im Außendienst zu ermitteln. Lindholm schließt die Kollegin durch das Vorenthalten von Informationen aus und wird so zur Einzelkämpferin konstruiert, die nicht im Team arbeitet.

Lindholm stellt fest, dass die tote junge Frau jene Frau ist, mit der sie vorher mit dem Auto zusammengestoßen ist. In der Wohnung, in der die Tote aufgefunden wurde, sind auch der Vater der Toten, Aka, und ihr Mann Erdal. Die Tote hieß Afife. Es handelt sich um eine türkische Familie, wie sich nun rausstellt. Der Vater spricht ein sehr gutes, akzentfreies Deutsch. Der Mann von Afife kann nach Angaben des Vaters noch kein Deutsch: „Mein Schwiegersohn ist gerade aus der Türkei nach Deutschland gekommen." Lindholm ist bei ihrer Befragung von Erdal auf die Übersetzungen des Vaters angewiesen.

In dieser Szene trifft Lindholm das erste Mal auf das türkische Element in der Folge. Hier wird das Andere in Form von Lindholm durch Sprache konstruiert. Auch im weiteren Verlauf der Folge kommt es immer wieder zur Konstruktion des Anderen durch Sprache[207], wie im weiteren Verlauf dieser Untersuchung noch aufgezeigt wird.

---

207 Die Drehbuchautorin und Regisseurin Maccarone hat die türkische Familie beabsichtigt zwischendurch immer wieder türkisch sprechen lassen, da es ihrer Meinung nach authentischer ist. Sie meint, dass in vielen Familien deutsch und türkisch gesprochen wird, gemischt. Hätte sie türksichen Familienmitglieder in der Folge nur deutsch sprechen lassen, hätte sie es als wiederum konstruiert empfunden. (Vgl. Interview mit Maccarone, NDR-Pressemappe, http://www.tatort-fundus.de/web/folgen/chrono/4/2007/684-wem-ehre-gebuehrt/interview-maccarone.html, 01.08.2009).

Lindholm trifft in der eben beschrieben Szene auch das erste Mal auf Selda, die kleine Schwester von Afife. Selda trägt ein Kopftuch. Selda steht optisch in religiöser Opposition zu ihrer toten Schwester, die kein Kopftuch trug. Die näheren Hintergründe werden den RezipientInnen an dieser Stelle noch nicht geliefert. Lindholm hat die Vermutung, dass Afife sich nicht selbst umgebracht hat, wie der Gerichtsmediziner vor Ort behauptet, sondern sie ordnet eine Obduktion an. Sie hat die Vermutung, dass Afife getötet worden ist. Sie findet einen Koffer mir Damenbekleidung und zieht daraus ihre eigenen Schlüsse. Lindholm entwickelt die Theorie, dass Afife ihren Mann verlassen wollte und sie daher umgebracht wurde. Sie geht also von einem Ehrenmord aus. Lindholms Theorie basiert auf Klischeevorstellungen der türkischen Kultur.

Ihr Kollege Aslan reagiert auf ihre Theorie eines Ehrenmordes mit Empörung und unterstellt ihr die „türkische Weltverschwörung".

Damit hält er Lindholm vor Augen, dass ihre Theorie daraus resultiert, dass sie eine klischeehafte Vorstellung der türkischen Kultur hat. Es ist auch zu bemerken, dass Aslan von einer „jungen Türkin" spricht, Lindholm daraufhin sagt, dass Afife Deutsche war. Aslan antwortet daraufhin: „Einen deutschen Pass haben und deutsch sein ist nicht dasselbe." Hier kommt etwas zum Vorschein, was sich durch den weiteren Verlauf der Folge zieht: Lindholm, als optische Verkörperung einer stereotypen Deutschen, sieht in den Deutsch-Türken Deutsche. Aslan selbst spricht von Türken und macht einen großen Unterschied in der Staatsangehörigkeit – der Nationalität – und der kulturellen Verhaftung.

Aslan spricht von Lindholm und bezeichnet sie als „typisch deutsch". „Typisch deutsches Phänomen, dieses Einzelgängersyndrom." Ein andere Kollege spricht über Lindholm als „Jeanne D'Arc, nur ohne Armee". Dadurch wird Lindholm einerseits als Einzelgängerin bezeichnet, was per se von Anderen abgegrenzt zu sein heißt, andererseits sie aber als die, die dadurch anders und alleine ist, konstruiert wird. „Ohne Armee" kann man auch so lesen, dass Lindholm alleine und ohne Unterstützung der Anderen dasteht, wodurch wiederum *sie* als das Andere hervorgeht.

Lindholm besucht die Familie der toten Afife. An der Tür verweist der Vater sie darauf, dass sie bitte die Schuhe ausziehen soll, woran sie sich auch hält. Durch das Ausziehen der Schuhe als Bedingung für das Betreten der Wohnung, gliedert sie sich auch symbolisch unter und ‚unterwirft' sich der türkischen Kultur.

Dass es sonst nicht üblich ist für sie die Schuhe auszuziehen, wird auch dadurch deutlich, dass eine Nahaufnahme ihrer Socken gezeigt wird, die nicht zum Rest ihrer Kleidung passen und diese außerdem ein Loch haben. Sie verdeckt dieses Loch in dem einen Socken mit dem anderen Fuß. Hieraus lässt sich ablesen, dass sie in ihrem Alltag nicht damit konfrontiert ist, die Schuhe auszuziehen. In der Wohnung bekommt die Rezi-

pientIn einen Einblick in die türkische Familie. Lindholm erzählt dem Vater von ihrer Begegnung mit seiner Tochter und dass ein Mann sich mit ihr gestritten hat. Lindholm vermutet, dass es sich dabei um den Geliebten von Afife handeln könnte. Da betritt ein junger Mann die Szene und Lindholm erkennt in ihm den Mann wieder, den sie vorher beschrieben hat.
Der Vater ist empört und klärt Lindholm auf, dass es sich bei dem jungen Mann um Galip, seinen Sohn und Afifes Bruder handelt. Beim Verlassen der Wohnung kommt es zu einem Bildausschnitt, bei dem Lindholm vor der Tür kniet, um ihre Schuhe wieder anzuziehen. Der Vater steht im Türrahmen. Es könnte hier herausgelesen werden, dass Lindholm sich durch das Ritual des Schuheausziehens unterwirft.
Zurück im Dienstgebäude des LKA hat Lindholm eine Unterredung mit ihrem Chef. Dieser ist erbost über Lindholms Alleingänge und unterstellt sie nun ihrem Kollegen Aslan und gibt ihr den Auftrag, „dem Kollegen Aslan zuzuarbeiten“. Lindholm ist frustriert, dass sie auf kein Verständnis stößt und nun noch ihrem Kollegen zuarbeiten muss.
Als sie ihr Büro betritt, reicht ihr ihre Kollegin, die einzig weibliche Kollegin in dem Großraumbüro, einen Zettel und sagt, dass jemand angerufen hat. Doch die Kollegin verweigert Lindholm weitere Auskünfte „war es eine Frau oder ein Mann?“ „Auch das hat die Person nicht gesagt“. Hier wird deutlich, dass die Kollegin Lindholm absichtlich Informationen vorenthält, denn sie müsste sonst wenigstens eine Vermutung über das Geschlecht des/der Anrufers/in anstellen können. Lindholm findet in der Kollegin, trotzdem sie beide weiblich sind, auch keine Verbündete.

Es folgt eine weitere Szene mit Lindholm und ihrem Mitbewohner Martin. Martin kümmert sich liebevoll um die Kommissarin, bringt ihr Tee: „Du denkst doch daran, oder?“ Lindholm: „Woran?“ Martin: „Der Geburtsvorbereitungskurs.“ Lindholm: „Lass mich doch einfach in Ruhe fett werden, ok?“ Der Dialog ist ein stereotyp männlich-weiblicher Dialog bis auf die Tatsache, dass die Rollen hier vertauscht wurden. Martin sorgt sich um das Kind und die werdende Mutter hält einen Geburtsvorbereitungskurs für überflüssig: „Tausende Jahre haben Frauen Kinder auch ohne diesen ganzen Quatsch auf die Welt gebracht.“ Doch Martin beharrt auf der Wahrnehmung des Termins. Die binäre Differenzkonstruktion Mann/Frau in der Optik konkurriert mit männlich/weiblicher Darstellung im Dialog und in der Handlung. So kommt es zu den Oxymora ‚weiblicher Mann‘ und ‚männliche Frau‘, da die Erwartungen, die an eine schwangere Frau herangetragen werden (freut sich auf ihr Kind, ist liebevoll und fürsorglich) nicht erfüllt werden.

Dies bestätigt sich auch in einer weiteren Szene, bei der Lindholm in ihrem Büro auf einen Kollegen trifft, während sie sich Kaffee einschenkt. Der Kollege ist irritiert, dass Lindholm in „ihrem Zustand“ Kaffee trinkt und er klärt auf, dass seine Frau ja ab dem dritten Monat auf Kaffee verzichtet habe. Lindholm kontert: „Kaffee, ja, schwanger, ja, aber in keinster Weise ihre Frau.“

Hier wird sie wiederum als sorglose werdende Mutter dargestellt, die ihrem Kind sogar schadet, indem sie nicht auf Kaffee verzichtet. Anschließend tauschen Aslan und Lindholm Argumente aus, wie Afife ums Leben gekommen ist.

Dabei geht Lindholm weiter von Fremdtötung und Aslan von Selbsttötung aus. Aslan unterstellt Lindholm Xenophobie – Angst vor allem Fremden – und beendet mit dieser impliziten Begründung, dass Lindholm aus Xenophobie die ‚Tatsache‘ des Selbstmordes von Afife nicht akzeptieren kann, das Gespräch.

In der nächsten Szene ist Lindholm in der Cafeteria des LKA zu sehen. Sie sucht einen Tisch, an den sie sich setzen kann. Hier ist Lindholm eindeutig das Andere, denn niemand will, dass sie sich setzt. Es taucht der Chef auf und Lindholm geht in die Offensive: sie setzt sich zu ihm an den Tisch, obwohl seine Mimik verrät, dass ihm das eher nicht passt, und spricht ihn darauf an, dass er sie offensichtlich nicht leiden könne. Der Chef Bitomsky weicht der Frage aus: „Es geht hier nicht um Sympathien, es geht um die Sache“, womit er die Beziehung zu Lindholm auf eine sachliche Ebene stellt.

Lindholm hat keinen Ermittlungsauftrag für den vermeintlichen Mordfall Afife und geht deshalb nach Dienstschluss nochmals zu Afifes Mann Erdal. Sie betritt die Wohnung, ohne die Schuhe auszuziehen, obwohl in einer anderen Szene gezeigt wird, wie Erdal selbst seine Schuhe an der Wohnungstür ablegt. Lindholm respektiert an dieser Stelle nicht die andere Kultur. Dies zeigt sich auch daran, dass sie Erdal auf Deutsch befragt und ihn mit Vorwürfen konfrontiert. Erdal versteht nicht sehr viel auf Deutsch und bittet sie, langsamer zu sprechen. Lindholm nimmt darauf allerdings keine Rücksicht und kommt der Bitte nicht nach. Sie ist schließlich der Meinung, dass es sich um einen Ehrenmord handelt und dass Erdal der Mörder seiner Frau ist. Am Ende sagt Erdal noch „Ich liebe Afife, verstehen Sie“. Lindholm wirkt einen Moment irritiert. Hier wird deutlich, dass durch die Aussage Erdals, dass er Afife liebt, das Konstrukt Lindholms einen Moment lang erschüttert wird. Das Konstrukt des Ehrenmordes, vielleicht auch ein Konstrukt einer Zwangsheirat, welches dadurch zustande kommen kann, dass Afife einen deutschen Pass hat und Erdal in der Türkei geheiratet hat, wodurch nun auch Erdal einen deutschen Pass hat.

In einer weiteren Szene, in der Lindholm mit Martin bei dem vorher angekündigten Geburtsvorbereitungskurs ist, stellt sie Vermutungen an und teilt Martin diese mit: „Auf mich wirkt die Familie ganz modern. Morden für die Ehre, das passt irgendwie gar nicht". Sie scheint nicht zuletzt durch die Aussage Erdals in ihrem festgelegten Stereotyp erschüttert worden zu sein.
Durch die Mutter, die ihre Tochter Charlotte Lindholm unangekündigt in ihrem Büro besucht, kommt es zu weiteren Konstruktionen: Die Mutter ist anfangs nur von hinten zu sehen. Da sie ein Kopftuch trägt, schickt Lindholm ihre Kollegin, die bei der Mutter sitzt, mit den Worten „Danke, aber das ist mein Fall" weg. Die Mutter ist erstaunt darüber, dass sie ein Fall sein soll und während die Mutter sich zu ihrer Tochter wendet, erkennt sie sie auch. Nicht nur Lindholms stereotype Vorstellung wird hier deutlich, auch die RezipientInnen werden hier zu der Lesart eingeladen, dass es sich dabei um eine türkische Frau handeln muss, da sie ein Kopftuch trägt. So werden die Stereotype als solche enttarnt und sichtbar gemacht. Die Mutter wird für eine weitere Sichtbarmachung genutzt: „Du hast mir gar nicht erzählt, dass du einen türkischen Kollegen hast." Lindholm: „Herr Aslan ist Deutscher." Mutter: „Du weißt, was ich meine. (Pause) Aber ist charmant." Lindholm: „Aber?" Mutter:" Nun dreh mir doch nicht jedes Wort im Munde um."
Dieser kurze Dialog enthält viele wichtige Ansätze, um Differenz und ‚Selbstverständliches'[208] aufzudecken. Lindholm bezeichnet Aslan als Deutschen, obwohl er selbst zuvor gesagt hat, dass es einen Unterschied gibt zwischen ‚einen deutschen Pass haben' und ‚sich deutsch fühlen', wodurch darauf geschlossen werden könnte, dass er zwar einen deutschen Pass hat, sich selbst aber nicht als deutsch fühlt. Dadurch, dass die Mutter sagt „Du weißt was ich meine" greift sie auf das Konzept der ‚Selbstverständlichung' zurück. Sie *sagt* zwar „türkischer Kollege", *meint* aber Kollege mit deutschem Pass, türkischem Aussehen und außerdem noch in der türkischen Kultur verhaftet, zumindest teilweise.
Durch das „Aber er ist charmant" und Lindholm Bemerken und Hervorheben des Wortes „aber" wird klar, dass den Vorstellungen der Mutter ein Bild zugrunde liegt, welches einen türkischen Mann zumindest nicht als charmant betrachtet. Lindholm stößt ihre Mutter darauf, worauf die Mutter mit „Nun dreh mir doch nicht jedes Wort im Munde um" reagiert. Die Mutter sieht sich nicht in Stereotypen denken und will von ihrer Tochter nicht so dargestellt werden, als ob sie dies tue.
In der nächsten Szene ist Selda, die jüngere Schwester Afifes, im Kreise ihrer Familie zu sehen, wobei auffällt, dass sie die einzige ist, die ein

208 Vgl. Kapitel 1.4.

Kopftuch trägt. Selda wird optisch als das Andere in ihrer Familie repräsentiert. Im weiteren Verlauf der Folge stellt sich heraus, dass Selda und ihre Familie Aleviten sind und Erdal Sunnit, worauf etwas später noch eingegangen wird. Selda erzählt Lindholm davon, dass die Sunniten den Aleviten unterstellen, dass sie „gar keine richtigen Muslime“ sind. Die Gegendarstellung der Aleviten bleibt an dieser Stelle aus.
Selda wird als religiöses Anderes konstruiert, indem sie in zwei Szenen betend zu sehen ist – und zwar als einzige.
In einer weiteren Szene ruft Selda die Kommissarin an, dass sie sie abholen soll. Es stellt sich heraus, dass Selda – wie auch Lindholm – schwanger ist, wodurch Selda und Lindholm durch ihre individuelle Andersheit vereint sind. Als Selda und Lindholm in der Wohnung der Kommissarin ankommen, sitzt ihr Mitbewohner Martin in der Küche und wartet. Er will mit ihr etwas besprechen, da es „so nicht weitergehen kann“. Damit spricht er den Konflikt an, der zuvor dadurch entstanden ist, dass Martin und die Mutter von Charlotte jeweils bestimmend Mitsprache haben wollten, wie und wo das Kind zur Welt gebracht werden soll. Sie hat dies abgelehnt: „Mein Kind geht euch nichts an.“ Lindholm lehnt das Gesprächsangebot Martins ab, wodurch es wiederum zu einer Vertauschung der stereotypen Verteilung männlicher und weiblicher Eigenschaften kommt.
Lindholm richtet Selda ein Bett her, als Selda im Schlafanzug das Zimmer betritt. Lindholm bemerkt, dass Selda noch ihr Kopftuch trägt: „Du kannst dein Kopftuch ruhig ablegen, du musst das hier nicht tragen. Hier sieht dich keiner.“ Woraufhin Selda antwortet: „Ich trag das gern, es bietet mir Schutz.“
Hier wird deutlich, dass Lindholm von einer Unterdrückung der Frau durch das Kopftuch ausgeht und dass sie Selda vermitteln will, dass sie sich in ihrer Wohnung in einem westlich-kulturell geprägten Raum befindet, in dem sie frei ist von religiösen Zwängen. Selda gibt ihr zu verstehen, dass sie sich ebenfalls in Freiheit und nicht in Unterdrückung befindet und gerade aus dieser Freiheit heraus das Kopftuch trägt. Die binäre Konstruktion Kopftuch/kein Kopftuch wird durch die Selbstbestimmung aufgelöst. Die Bedeutung des Kopftuches wandelt sich von ‚Unterdrückung‘ und ‚Zwang‘ hin zu ‚Selbstbestimmung‘.
Lindholms vermeintlich weibliche Eigenschaften – wie das Kochen – werden in einer Szene erneut negiert, als sie versucht, Eier aufzuschlagen, ihr das misslingt und Selda das in die Hand nimmt. Lindholm spricht Selda auf den Vater ihres Kindes an, doch Selda sagt dazu nur: „Er weiß es nicht und er will es auch nicht wissen.“

Danach erfolgt ein brisanter Schnitt zu Galip, wodurch die Assoziation entstehen könnte, dass Galip, Seldas Bruder, der Vater ihres Kindes ist.

Doch Galip ist als Informant Aslans in einem Gespräch zu sehen, der Inhalt des Bildes hat also nichts mit dem Inhalt des Dialoges zu tun. Durch diese Verbindung von dem Vater des Kindes Seldas und Galip, wird ein Klischee bedient, mit dem die Aleviten zu kämpfen haben: Inzest[209].

In einer nächsten Szene sitzen Aslan und Lindholm in der Cafeteria. Jeder alleine an einem Tisch, die Tische stehen jedoch nebeneinander. Lindholm schaut gedankenverloren in die Richtung von Aslans Teller. Dieser interpretiert den Blick so, als ob sie auf das Stück Fleisch starrt, welches er isst. Er betrachtet Lindholm und sein Stück Fleisch: „Sie denken ich darf das nicht?“ Lindholm wird aus ihren Gedanken gerissen: „Was darf ich nicht?“ Aslan: „Sie denken ‚warum isst der Türke Schweinefleisch‘?“ Lindholm: „Denk ich das.“ Aslan: „Sie starren auf meinen Teller.“ Lindholm: „Entschuldigen Sie, ich bin in Gedanken.“ Aslan formuliert selbst ein Stereotyp (‚Türken essen kein Schweinefleisch‘), wobei Lindholm nicht in geringster Weise darauf hinaus wollte. Sie ‚starrte‘ nur, wie sie sogar selbst ausdrückt.

Aslan fühlt sich von den Stereotypen verfolgt und hält diese durch seine Formulierung aufrecht, obwohl er gerade das Gegenteil anstrebt. Dies könnte ein Indiz dafür sein, dass er sich selbst als anders wahrnimmt und diese Wahrnehmung in diesem Moment in dem ‚starren Blick‘ Lindholms spiegelt.

Im Weiteren kommt es zur Verbindung der Kontrahenten Aslan-Lindholm in Form eines Ermittlerteams, allerdings stellt sich heraus, dass dieses Team nur solange bestehen bleibt, solange sich Lindholm an die Vorgaben Aslans hält. Es entsteht also wiederum eine binäre Differenzkonstruktion, bei der Aslan den dominanten Pol bildet. Auch das ‚Du‘ – welches bei der Bildung des Ermittler-Teams mit entstanden[210] ist – hält nur bis zu dem Moment an, bei dem Lindholm gegen eine Vorgabe Aslans verstößt. Ab dem Moment ‚Siezt‘ Aslan Lindholm wieder, die sich darauf einlässt. Aus dem ‚wir‘ durch das Team werden wieder zwei separate ‚ich‘.

In einer anderen Einstellung kommt es zum Konflikt zwischen Aslan und Lindholm. Es geht darum, dass Lindholm ihm vorwirft, dass er sich nur nicht für die tote Afife interessiert, weil sie ja „nur eine Frau“ ist und er außerdem viel zu beschäftigt ist mit der „Raubkopierersache“.

Aslan reagiert: „Unterstellen Sie mir Sexismus, nur weil ich Türke bin?“ Lindholm: „Ich find Sie ziemlich deutsch in ihrer Karrieregeilheit.“ Es kommt zu einer Überschneidung der Stereotypen: Lindholm unterstellt Aslan, dass Afife für ihn ‚nur‘ eine Frau ist, wobei sie damit auf den Ge-

209 Vgl. Sökefeld, 2008, S.7.

210 Bzw. *durch* das es entstanden ist.

schlechterdiskurs anspielt und darauf, dass eine tote Frau für ihn als *Mann* nicht so wichtig ist wie ein toter Mann. Aslan nimmt den Vorwurf auf und wandelt ihn in ein Stereotyp, der durch die Ethnie bestimmt wird: Er geht davon aus, dass Lindholm ihm nur deswegen Sexismus vorwirft, da er *Türke* ist. Womit er sich selbst so wahrnimmt. Lindholm nimmt sich des ethnischen Diskurses an und ordnet Aslan in die Kategorie ‚deutsch' ein, mit der Begründung eines ebenfalls negativen Stereotyps: „Karrieregeilheit".
Damit wandelt Lindholm den Sexismusdiskurs, den Aslan in einen ethnischen Diskurs übertragen hat, dahingehend, dass sie ihn als ‚deutsch' wahrnimmt, aber im negativen Aspekt. Lindholm wirft Aslan Frauenfeindlichkeit vor, Aslan unterstellt ihr als Grundlage implizit Fremdenfeindlichkeit und der Konflikt wird durch die Beschreibung Aslans mit einer ‚typisch deutschen Eigenschaft' gelöst.

Spannend ist auch die Konstruktion des Anderen *innerhalb* der türkischen Familie. Bei einem Gespräch mit der Mutter von Selda geht es um die Heirat Afifes und Erdals. „Erdal ist seinem Schwiegervater fremd", so die Mutter. Lindholm: „Aber sie wollten doch, dass Afife einen Türken heiratet."
Die Mutter: „Türke ja, aber Erdal ist vom Dorf, spricht gar kein Deutsch." Für Lindholm ist Erdal ein Türke, für die Mutter ist er nicht einfach *Türke*.
Sie differenziert den ethnischen Diskurs und macht klar, dass Erdal zwar Türke ist, aber dieses Kriterium allein noch nicht ausreicht, um den Ansprüchen der Eltern zu genügen. Er ist vom Dorf und kann kein Deutsch. Interessant ist hierbei auch der Aspekt der Sprache: Ein Türke, der Deutsch spricht.
Meint die Mutter damit einen Deutsch-Türken, einen Türken, der in der Türkei lebt und der durch verwandtschaftliche Verhältnisse an Deutschland gebunden ist oder einfach einen gebildeten, in der Türkei lebenden Türken? Die Frage lässt sich nicht beantworten. Doch eines stellt sich damit heraus: Der Sprache kommt eine besondere Bedeutung zu. Die Familie wechselt zwischen Deutsch und Türkisch, wobei alle Familienmitglieder akzentfreies Deutsch sprechen. Die Großmutter allein spricht kein Deutsch. Die Sprachzugehörigkeit Deutsch-Türkisch könnte auch ein Merkmal der ethnischen Zugehörigkeit sein: Zu Hause in zwei Welten, zu Hause in der Türkei und in Deutschland.
Beim Gespräch zwischen der Mutter und Lindholm geht es auch um die religiöse Identität der Familie: Die Familienmitglieder sind Aleviten und Erdal ist Sunnit. Die Religionen werden nur sehr knapp und unvollständig erklärt. Lindholm: „Wie ist das jetzt? Sunniten tragen Kopftuch und Aleviten nicht?" Mutter: „Bei Aleviten sind Männer und Frauen gleich."

Lindholm: „Aber Selda trägt Kopftuch." Mutter: „Mein Mann hat es ihr verboten, aber was sollen wir machen." Aleviten werden als konträr zu den Sunniten repräsentiert.

Erdal verkörpert dieses Andere und hat Selda mit dem sunnitischen Glauben bekannt und vertraut gemacht. Dadurch repräsentiert Selda innerhalb ihrer Familie das religiöse Andere, welches durch ein äußerliches Merkmal – das Kopftuch –kenntlich ist und durch die Szenen, in denen Selda beim Gebet gezeigt wird, verstärkt wird.

Durch die knappe Beschreibung der Aleviten durch die Mutter könnte eine Lesart sein, dass Frauen bei den Sunniten Kopftuch tragen, da bei den Aleviten Männer und Frauen gleich sind *und* die Frauen kein Kopftuch tragen, könnte das Kopftuch für eine Unterdrückung der Frau stehen. Bei Selda hat das Kopftuch allerdings nicht diese Bedeutung, da der Vater ihr verboten hat, es zu tragen, sie sich aber nicht daran hält. Damit kommt dem Kopftuch die gegenteilige Bedeutung zur Unterdrückung zu.

Die Konstruktion von Lindholm als das Andere hinsichtlich Sprache wird in zwei Szenen explizit.

Als Lindholm mit Selda bei Seldas Vater Aka ist, der an einem Haus für die Familie baut, kommt es zum Gespräch zwischen Selda und ihrem Vater, auf Türkisch. „Sprechen Sie deutsch bitte." Mit dieser Aufforderung erkennt Lindholm, dass sie hier über die Sprache ausgegrenzt ist und weiß, dass sie nur über die Sprache in den Gesprächskreis mitaufgenommen werden kann.

In der anderen Szene gehen Lindholm und Aslan gemeinsam zu der Wohnung von Seldas Familie. Die Mutter öffnet die Tür und Aslan fängt ein Gespräch auf Türkisch mit ihr an. Lindholm hört sich dies einige Sekunden an, greift dann aber mit einem „Verzeihung, können wir reinkommen" ein.

Die Konstruktion von Selda als das religiöse Andere, das somit am Rande der Familie steht, löst sich in dem Moment, in dem Selda im Krankenhaus liegt und ihre Mutter am Bett bei ihr sitzt und um Verzeihung bittet. Selda trägt in diesem Moment kein Kopftuch und hat nun den Schutz der Mutter wieder, dessen vorherigen Verlust sie durch den Glauben und das Tragen des Kopftuches kompensieren wollte.

In der letzten Szene der Folge ‚Wem Ehre gebührt' lösen sich auch einige Konflikte, die zur Konstruktion Lindholms als das Andere beitragen: Nachdem sie durch ihre Hartnäckigkeit und ihr Einzelgänger-Dasein den Fall gelöst hat, entschuldigt sich ihr Vorgesetzter Bitomsky bei ihr und bietet ihr nun das von ihr vorher so gewünschte Einzelzimmer an, doch Lindholm: „Danke, ich brauch kein Einzelzimmer." Sie ist angekommen bei ihren KollegInnen und fühlt sich als Teil der Arbeits-Gemeinschaft und als Teil des Großraumbüros. Dies bestätigt sich, als die KollegInnen ihr ein „schönes Wochenende" wünschen.

Von ihrem Kollegen Aslan verabschiedet sie sich mit „Mahlzeit", mit der Begründung: „Das sagt man hier so, unter Kollegen." Dadurch schließt sich der Kreis in Bezug zur ersten Szene und Lindholm ist nun nicht mehr als das Andere in Differenz zu den ArbeitskollegInnen repräsentiert – sie ist jetzt ein Teil davon.

Die Ergebnisse dieser Untersuchung zur Tatortfolge ‚Wem Ehre gebührt' finden sich zusammengefasst in Kapitel 7.1.1.

6.3.2 ‚Baum der Erlösung'

In ‚Baum der Erlösung' ist das Herausarbeiten der Konstruktion des Anderen keine einfache Aufgabe. Durch die Vielschichtigkeit der Themen, die in der Folge angesprochen werden und die der repräsentierten Figuren, ist das Andere in dieser Folge außerordentlich facettenreich.
Es beginnt damit, dass Kommissar Moritz Eisler mit seiner Tochter auf einem Markt zu sehen ist. Die Tochter hält an einem Stand an, der von einer Frau mit Kopftuch bedient wird, und fängt an, auf Türkisch verschiedenste Gemüse zu bestellen. Eisler: „Du, ich hab ja keine Vorurteile, aber du musst Deutsch mit denen reden, die müssen das lernen." Die Frau hinter dem Gemüsestand: „Keine Sorge, mein Herr, ich kann Deutsch." Tochter: „Na das war ja ein peinlicher Spruch, Papa." Eisler: „Das war nicht peinlich, das war Integrationsarbeit."
Für Eisler erfolgt ein Teil der Integration über Sprache. Sprache und Differenz durch Sprache wird auch im weiteren Verlauf der Folge eine Rolle spielen, worauf später noch einzugehen ist. In einer nächsten Szene sieht man Eisler im Büro seines Vorgesetzten. Er soll wegen eines Mordfalls eines Mädchens nach Telfs, einem Ort in Tirol. Der Chef: „Das Opfer ist eine Türkin." Eisler: „Moment, in der Akte steht ‚österreichische Staatsbürgerin'." Eisler scheint bei der Identität nach dem Pass zu gehen und sein Vorgesetzter ordnet sie als ‚Türkin' ein. Der Chef klärt Eisler auf, dass Telfs die „Gemeinde mit dem Minarett" ist und dort die Stimmung zwischen den „Einheimischen und den Türken" deswegen sowieso schon gespannt ist.
Die Unterscheidung ‚Einheimische' und ‚Türken' wird in der Folge sehr oft gemacht. Ein weiteres Beispiel dafür ist die Szene, bei der Eisler, der inzwischen nach Innsbruck geflogen ist und von einem Kollegen aus Telfs abgeholt wurde, mit diesem im Auto sitzt. Der Kollege hat sich als Vedat Özdemir vorgestellt. Eisler: „Wo stammen Sie her?" Özdemir: „Aus Telfs, sozusagen ein Einheimischer." Eisler: „Die Kollegen akzeptieren Sie?" Özdemir: „Naja, die sind froh, dass sie sich nicht mit meinen Landsleuten beschäftigen müssen." Es werden verschiedene Differenzkonstruktionen an diesem Dialog deutlich. Eisler fragt nach der Abstam-

mung Özdemirs und hat vermutlich eine Antwort wie: „Aus der Türkei“ o.ä. erwartet. Doch Özdemir bezeichnet sich selbst als „Einheimischer“, spricht in weiterer Folge aber von „Landsleuten“.
Özdemir selbst steht zwischen zwei Identitäten: Einerseits arbeitet er als Polizist für den österreichischen Staat und bezeichnet sich als Telfer[211], andererseits hat er türkische Vorfahren, spricht neben Deutsch auch Türkisch und bezeichnet die anderen ‚Türken‘ als „Landsleute“. Er repräsentiert für die Telfer das Andere, da sie ihn eher als Türken wahrnehmen. Für die Türken repräsentiert er das Andere, da er für den österreichischen Staat arbeitet und für sie mehr Österreicher als Türke ist. Dadurch, dass Özdemir zwischen den Identitäten steht, kann auch eine neue Identität entstehen: eine sowohl-als-auch Identität. Er sieht sich *sowohl* als österreichischen Einheimischer *als auch* als türkischen Landsmann.
Die Differenzkonstruktion ‚Tiroler‘ und ‚Türken‘ zieht sich durch die gesamte Folge, weitere Beispiele folgen.
Eisler, Özdemir und Özdemirs Kollege Pfurtschaller fahren zum Tatort. Özdemir erklärt, dass der Baum, an dem die Tote erhängt aufgefunden wurde, der „Baum der Erlösung“ genannt wird, da sich schon fünf Menschen dort erhängt haben. Bei allen war der Grund der, dass sie einer Zwangsehe entkommen wollten und im Tod Erlösung gesucht haben.
Es kommt zwischen Pfurtschaller und Özdemir zu einem Streit, bei dem es um den EU-Beitritt der Türkei geht. Pfurtschaller wirft den Türken „mittelalterliche Verhaltensweisen“ vor, woraufhin Özdemir kontert: „Die Türkei ist ein moderner Staat, aber ihr, ihr habt euch nur die ungebildete Landbevölkerung geholt.“ Özdemir spielt damit auf die Gastarbeiter an, die von den Telfern zum Arbeiten in ihren Ort geholt wurden. Diese Gastarbeiter sind geblieben und bilden einen ganz anderen Bevölkerungsschnitt ab, als den der Türkei.
Es kommt zur Differenzkonstruktion von dem modernen Staat Türkei mit seiner gebildeten Bevölkerung und den ungebildeten Türken vom Land, die ursprünglich als Gastarbeiter geholt wurden und geblieben sind. Das Bild, das Pfurtschaller von der Türkei hat, basiert auf der Begegnung und der Erfahrung, die er mit den in Telfs lebenden Türken hat.
Pfurtschaller und Özdemir bilden in einer Einheit einen Teil der binären Differenzkonstruktion ‚Dorfpolizei‘ und ‚Stadtpolizei‘, wobei Eisler, der Kommissar aus Wien, den anderen Teil bildet.
Eisler wird in Differenz zu Pfurtschaller als weltoffen konstruiert. Durch Özdemir und Pfurtschaller wird ebenfalls eine Differenz konstruiert: Özdemir, der ‚Türke‘, der kulturell zwischen Österreich und der Türkei steht und von seinen „Landsleuten“ spricht, und Pfurtschaller, dessen Familie

211 Die Einwohner von Telfs werden nicht als Telfser, sonders als Telfer bezeichnet.

seit Jahrhunderten in Tirol verhaftet ist: „Wir sind freie Tiroler Bauern seit 1511. Nur ein Kärntner hat sich in der Familie untergemischt.“ Pfurtschaller legt Wert darauf, dass seine Familie eine „reinrassische“ Tiroler Familie ist.

In einer anderen Szene wird Özdemir von – bis dahin noch – Unbekannten verprügelt. Eisler, der in der Nähe ist und davon mitbekommt, vertreibt die Schläger und hilft Özdemir auf die Beine: „Weißt du, ob das Einheimische oder Türken waren?“ Özdemir: „Weiß ich nicht, die können mich beide nicht leiden.“ Hier kommt es zur sprachlichen Unterscheidung von ‚Einheimischen‘ und ‚Türken‘, wodurch eine Differenzierung konstruiert wird. Es wird an dieser Stelle klar, dass Özdemir sich in einem Zwischenraum befindet, der zwischen den binären Polen entsteht: er ist weder von den Österreichern noch von den Türken akzeptiert.
Deutlich wird dies an den beiden Familien Larcher und Ozbay: durch beide Familien werden stereotype Eigenschaften repräsentiert, wodurch sie wiederum Teil einer binären Differenzkonstruktion sind. Die Larcher-Familie besteht aus Klaus Larcher, dem Vater, und dem älteren Sohn Georg und seinem jüngeren Bruder Christian. Klaus Larcher ist Fabrikarbeiter und Tiroler. Er war der Anführer der Gegner des Minarettbaus (auf den im Weiteren noch eingegangen wird). Sein Sohn Georg arbeitet auf einer Baustelle am Berg und sein Sohn Christian ist Student und arbeitet nebenbei auf der gleichen Baustelle. Christian ist mit Melisa, der Tochter der Ozbays, liiert.
Die Ozbays werden als stereotype türkische Familie dargestellt. Für den Vater Kazim sind seine beiden Söhne Serkan und Ernan „gute Söhne. Sie machen was ich sage“. Seine Frau spricht fast kein Deutsch und trägt, wie auch die Großmutter, Kopftuch.
Es herrschen patriarchale Strukturen in der Familie Ozbay. Innerhalb der Familie wird nur Türkisch gesprochen, die einzige Ausnahme bildet Tochter Melisa, die Schwester der getöteten Ayse. Melisa studiert, trägt kein Kopftuch und spricht auch mit den Familienmitgliedern, bis auf wenige Ausnahmen, Deutsch. Melisa ist der Meinung, dass ihr Bruder Serkan ihre Schwester Asye umgebracht hat, weil diese einen österreichischen Freund hatte: Martin, der ebenfalls ermordet wurde. Melisa hat ebenfalls einen „Einheimischen“ als Freund: Christian Larcher.
Als sie sich heimlich mit ihm in seiner Mittagspause am Berg trifft, werden die beiden von Serkan erwischt. Serkan schlägt auf Christian ein und reißt Melisa mit sich. Da taucht Georg, der Bruder Christians auf. Anstatt Christian zu helfen, schleift auch er Christian hinter sich her – weg von Melisa.
Die beiden werden auseinandergerissen, jeder von dem eigenen großen Bruder. Eine Konstruktion, bei der zwei Welten aufeinander treffen und

die ‚Vermischung‘ mit der jeweils anderen Welt vermieden werden will. Serkan entführt seine Schwester im Auftrag des Vaters und versteckt sie in einem Container auf dem Fabrikgelände, auf dem er und sein Vater arbeiten.
Der kleine Bruder Ernan unterstützt Serkan bei dem Vorhaben tatkräftig. In dem Container kommt es zu einem Gespräch zwischen Melisa und Serkan, nachdem Melisa vor den Augen ihres Bruders Schlaftabletten schlucken musste. Melisa: „Du hast oft Tiroler Freundinnen, des is erlaubt.“ Serkan (auf Türkisch): „Ich bin ein Mann.“
Hier wird ein Stereotyp bedient, das den türkischen Männern mehr Rechte als den Frauen zuspricht aufgrund des Geschlechts. „Ich bin ein Mann“ bekommt so eine weit größere Bedeutung, als die des Geschlechts: Männer scheinen aufgrund des ‚Mann-Seins‘ mehr Rechte zu besitzen als Frauen. Dies zeigt sich schon darin, dass Serkan und Ernan sowie der Vater sich das Recht herausnehmen, Melisa zu verschleppen und sie – eingesperrt in einem Container – ihrer Freiheitsrechte zu berauben. Sie wollen sie dort bis zum nächsten Tag versteckt halten. Dann soll Serkan mit ihr in die Türkei fliegen, wo sie einen „guten Mann“ heiraten soll, „der sie ständig unter Beobachtung haben wird“, wie es der Vater formuliert.
In dem Container führt Serkan an, warum er und sein Vater nicht wollen, dass Melisa mit Christian zusammen ist: „Wir haben unsere Gesetze, wir mischen uns nicht mit den Einheimischen, sonst löschen wir uns aus. In nur zwei Generationen.“ Melisa: „Mohammed sagt, dein Land ist da, wo du lebst, deine Nachbarn sind dein Volk.“ Serkan: „Ja, du bist so klug, das war immer schon dein Fehler.“ Das Argument gegen die Liierung Melisas und Christians lautet ‚Angst‘: Angst vor der Auslöschung der eigenen Kultur.
Dieses Argument bringt auch Georg Larcher in einer anderen Szene hervor: „Wenn wir uns mit denen vermischen, löschen wir uns aus.“ Es werden ganz deutlich die beiden Gegensätze ‚wir‘ und ‚die‘ gebraucht. Jede Kultur hat Angst vor der anderen Kultur, Angst, sich durch die ‚Vermischung‘ selbst zu vernichten. Diese Angst könnte als falsch interpretierter Selbsterhaltungstrieb der Kulturen gelesen werden.
So lässt sich auch die Szene besser verstehen, bei der Georg und Serkan das Paar Melisa und Christian auseinander reißen: Sie haben beide Angst vor Vermischung und wollen sie um jeden Preis verhindern.
Es kommt zu der absurden Konstellation, dass sie in der Angst vor dem Anderen wiederum vereint sind. Die Argumente, mit denen die Abwehr gegen das Andere begründet wird, sind dieselben. Die Kulturen – sei es nun die ‚Tiroler‘ Kultur oder die ‚türkische‘– wollen sich rein halten. Klaus Larcher und Kazim Ozbay, die seit dem Minarettbau Erzfeinde sind, sind sich in ihrer Verschiedenheit so gleich. Sie haben beide ihren

Söhnen die ‚Reinhaltung' der eigenen Kultur auferlegt. Serkan und Georg handeln in dem Glauben, dass sie ihren Kulturen einen Dienst erweisen, wenn sie die ‚Vermischung' verhindern.
In einer Szene zwischen Georg und Melisa wird dies deutlich: „Geh zurück in die Türkei, Melisa. Und alles wird gut." Melisa: „Nichts wird gut, Georg, die Türkei ist ein fremdes Land für mich. Ich war da nur im Urlaub und den Cousin, den ich heiraten soll, den habe ich noch nie gesehen, außer auf einem Foto."
Georg: „Früher hat man euch Gastarbeiter genannt, weil alle geglaubt haben, ihr geht wieder zurück." Es werden hier zwei Probleme deutlich. Georg verkörpert die Ansicht, dass Melisa ja wieder *zurück* gehen soll in die Türkei, wobei Melisa selbst nicht aus der Türkei kommt, sondern ihre Vorfahren. Für Melisa ist die Türkei ein Urlaubsland wie für viele andere auch. Die Türkei ist nicht Heimat für Melisa, sondern Telfs. Mit „alles wird wieder gut" spielt Georg darauf an, dass diese ‚Vermischung' der Kulturen wieder ins *Reine* gebracht werden könnte, im wahrsten Sinne des Wortes. Melisa kann allerdings nicht zurückgehen, wo sie nicht herkommt: in die Türkei.
Mit dem Satz „Früher hat man euch Gastarbeiter genannt, weil alle geglaubt haben, ihr geht wieder zurück" wird deutlich, dass das Wort ‚Gast', welches u.a. Willkommensein ausdrückt, nun nicht mehr gilt, da die vermeintlichen Gäste nicht wieder abgereist sind, so wie es ‚gute' Gäste tun. Aus den Gästen werden Fremde. Als Gastarbeiter haben sie ihre Kultur gepflegt und sich der neuen Kultur nur bedingt angenommen, schließlich waren sie wirtschaftlich – und nicht kulturell – integriert. Die Differenz der zwei Kulturen wird symbolisch in der Differenz Minarett – Kirchturm deutlich gemacht.
Die Türkische Gemeinde in Telfs, allen voran Kazim Ozbay, haben in Telfs eine Moschee gebaut. Diese Moschee hat einen Turm, das sogenannte Minarett. Darum ist ein Streit ausgebrochen, woraufhin die Türkische Gemeinde auf „sechs Meter Höhe verzichtet hat". Ein Politiker, der extra nach Telfs gekommen ist, um vor dem Minarett ein Fernseh-Interview zu geben, antwortet auf die Frage, was er denn von dem Minarett hält: „Naja, machen wir uns nichts vor, das ist ein Statussymbol des islamischen Machtanspruchs, und das mitten im Heiligen Land Tirol." Es kommt zu einem Paradoxon.
Der Politiker bezeichnet Tirol als ‚Heiliges Land', wobei dieser Begriff historische Bedeutung hat. Die Kreuzzüge der Christen hatten als Ziel die ‚Zurückeroberung' des ‚Heiligen Landes', wie die historisch geographische Region Israel bezeichnet wurde.
Der Politiker benutzt nun diesen Begriff, um die religiöse Vormachtstellung des Katholizismus in Tirol zu verdeutlichen, welche gegen den „islamischen (und damit religiösen) Machtanspruch" verteidigt werden

müsse. Das Andere ist hier das religiöse Andere, und das Argument lautet wieder ‚Verteidigung', das Motiv lautet ‚Angst'.
Der Politiker versucht ein Szenario zu skizzieren, welches die ‚Angst' weiter untermauern soll: „Nun stellen Sie sich einmal vor, meine Damen und Herren, dass alle Tiroler Frauen Kopftücher tragen müssen." Der Bürgermeister von Telfs, der gegen die Stimmen der ‚Einheimischen' die Erlaubnis zum Minarettbau erteilt hat, fällt ein: „Die Tiroler Bäuerinnen haben immer Kopftücher getragen, und sie tun es noch heute."
Es wird die versuchte Differenzkonstruktion des Politikers deutlich, der versucht, diese über das Kopftuch herzustellen. Doch der Bürgermeister macht deutlich, dass dem Kopftuch nicht nur die Bedeutung einer *anderen* Kultur zukommt, sondern eben auch die einer alten Tiroler Tradition.
Es ist noch der Bildausschnitt anzumerken: Der Politiker spricht auf dem Platz vor dem Minarett, die Tiroler Bevölkerung wird in Tracht dargestellt. Demgegenüber sind zwei türkische Frauen mit Kopftuch zu sehen, die eher am Rand und im Hintergrund stehen. Es kommt so zu einer optischen Differenz, die auf Mehrheit/Minderheit basiert, wobei die Differenz sich an dem Punkt aufhebt, dass die Gegensatzpaare jeweils in traditioneller Tracht gezeigt werden.
In einem Gespräch zwischen Özdemir und seinem Kollegen Pfurtschaller geht es ebenfalls um das Minarett. Özdemir: „Die Türken haben eh überall nachgegeben: kleines Minarett, kein Muezzin, keine Beschallung. Auch die Augen des Tirolers werden kaum beleidigt." Pfurtschaller: „Tu mich ja nicht provozieren. Es gibt Sachen da, da versteh ich keinen Spaß! Die Leute verstehen einfach nicht, dass ihr zum Beten einen Turm brauchts." Özdemir: „I brauch den Turm net, Herr Kollege. Ich geh nicht in die Moschee. Aber eine Kirche braucht einen Kirchturm, und eine Moschee a Minarett."
Durch Özdemirs Aussage wird klar, dass die Türkische Gemeinde sich schon sehr eingeschränkt hat. Es kommt wiederum zur Konstruktion Moschee-Kirche, bzw. Kirchturm- Minarett. Doch der Differenz zu Grunde liegt die Tatsache, dass es sich bei beiden Gebäuden um ‚Gotteshäuser' handelt, in denen man jeweils zu dem eigenen Gott beten kann. Wenn Özdemir sagt, dass er den Turm nicht braucht, da er nicht in die Moschee geht, differenziert er sich im religiösen Diskurs als anders zu der ‚Türkischen Gemeinde'.
Er stellt den Zusammenhang Kirche – Kirchturm; Moschee – Minarett her und kontert so auf die Aussage Pfurtschallers, dass die Leute nicht verstehen würden, warum die ‚Türken' einen Turm zum Beten bräuchten: nämlich genauso viel oder genauso wenige, wie die Christen – in dem Fall genauer Katholiken – einen Kirchturm.

In der Folge gibt es einen Bildausschnitt, der vielschichtig ist: Es wird die Tiroler Landschaft und Telfs von oben gezeigt. Dabei wird deutlich, dass der Kirchturm der Gemeinde um einiges größer ist als das Minarett. Die Bedeutung, die dem Minarett weiters noch zukommt, ist mit der Differenzkonstruktion der Gebäude an sich zu finden. Das Minarett spiegelt die von den Gastarbeitern mitgebrachte Religion und Kultur wieder, die sich nun in Form eines Gebäudes auch äußerlich sichtbar in Telfs niedergelassen hat. Es stellt für die EinwohnerInnen des Ortes anscheinend eine sichtbare ‚Bedrohung' dar, weswegen sie fast alle gegen den Bau gestimmt haben.

Die Türkische Gemeinde erhält so einen Ort, *schafft* sich so einen Ort, an dem sie sich treffen und ihre Kultur und Religion leben und tradieren kann. Da das Minarett deutlich kleiner ist als der Kirchturm, könnte auch eine Deutung sein, dass der Islam zwar Einzug gehalten hat in dem Tiroler Ort Telfs und sich in Form dieses Gebäudes niedergelassen hat, die Kirche aber dennoch eine größere Wichtigkeit hat für den Ort. Eine Lesart wäre auch, dass die ‚Türken' nun durch den Bau des Minaretts endgültig keine Gastarbeiter mehr sind, die wieder *zurückkehren* werden in die Türkei, sondern dies ein Zeichen dafür ist, dass sie sich niedergelassen haben.
Als in einer anderen Szene Eisler und Özdemir bei Klaus Larcher sind, um ihn zum Aufenthaltsort Melisas zu befragen (sie wissen nicht, dass sie in einem Container gefangen gehalten wird), kommt es zu folgendem Dialog: „Wissen Sie wo Melisa ist?", fragt Özdemir. Larcher schaut ihn nicht an und tut so, als ob er ihn nicht gehört hätte. Daraufhin Eisler: „Mein Kollege hat Sie gerade etwas gefragt." Larcher: „ I hab nichts gehört." Eisler: „Würden Sie bitte die Frage beantworten." Larcher: „Ein türkischer Polizist kriegt keine Antwort von mir." Eisler: „Aufpassen! Das ist ein *österreichischer* Polizist." Larcher: „Die Verkleidung ist mir egal. Ja was denn, sind wir jetzt von den Türken besetzt oder was." In diesem Dialog kommen viele Dinge zusammen. Larcher akzeptiert Özdemir trotz seiner Uniform nicht als österreichischen Polizisten. Er bezeichnet die Uniform als „Verkleidung" und er konstruiert eine Differenz zwischen der Uniform, die symbolisch für die Hüter von Recht und Ordnung im österreichischen Staat steht, und der Person, die sie trägt: Vedat Özdemir, ein Telfer mit türkischen Wurzeln.

Es könnte eine Deutung sein, dass Larcher Özdemir deswegen nicht als Polizisten akzeptiert, da er ihn selbst als ‚Schmutz' in seiner ‚Ordnung' betrachtet, die nun gerade Özdemir in seiner Funktion als Polizist wiederum eigentlich aufrechterhalten sollte. Die ‚Verkleidung' würde so nichts daran ändern, dass Özdemir diese Ordnung stört, da kann er sich –

sprichwörtlich gesprochen – anziehen wie er will. Der Nachsatz „Ja was denn, sind wir jetzt von den Türken besetzt oder was" deutet darauf hin, dass Larcher sich von den Türken im Ort belagert fühlt und der Meinung ist, dass die Belagerung schon so weit fortgeschritten ist, dass *sie* sogar schon Ämter wie ‚Polizist' ausüben. Vedat Özdemir wird als Fremder im eigenen Land repräsentiert. Wobei mit dem Begriff ‚eigenes Land' Österreich gemeint ist, da Özdemir sich selbst als Telfer und „Einheimischer" bezeichnet.

Innerhalb der Repräsentation der stereotypen türkischen Familie Ozbay kommt es ebenfalls zu einer Differenzkonstruktion. Melisa wird als Frau dargestellt, die kein Kopftuch trägt und studiert. „Du bist klug, das war schon immer dein Problem", formuliert es Serkan. Eine kluge Frau, die sich nicht unterdrücken lässt und sich gegen die patriarchalen Strukturen auflehnt, stellt das Andere in dieser Familie dar.

Die Differenzkonstruktion gebildet/ungebildet wird durch Melisa und ihre Brüder gebildet. Serkan und Ernan werden als ungebildet repräsentiert. Özdemir zu Ernan: „Ich habe deine Lehrerin getroffen, du hast dein Zeugnis nicht abgeholt. Naja, sind ja eh nur Fünfer auf deinem Zeugnis." Serkan wird als „Hilfsarbeiter" bezeichnet. Die Mutter wird als unterdrückt repräsentiert. Dies zeigt sich nicht zuletzt daran, dass sie sich auf den Weg zum Baum der Erlösung macht.

Der Vater und Ernan bekommen dies mit und eilen zu dem Baum. Kurz bevor sie den Baum erreichen, stößt die Mutter den Stuhl weg, auf dem sie steht, und erhängt sich dadurch. Der Vater und Ernan schneiden das Seil los und ‚retten' die Mutter in letzter Sekunde. Als sie zu sich kommt, sagt sie nur: „Ich halt es nicht mehr aus. Ich halt euch Männer nicht mehr aus."

Daraus lässt sich ablesen, dass die Frau soweit unterdrückt ist, dass sie ihren letzten Ausweg darin sieht, sich durch ihren Tod auszudrücken. Da ihr Mann und ihr jüngster Sohn dies in letzter Sekunde verhindern, kommt es schließlich doch noch zum verbalen Ausdruck ihrer Verzweiflung.

Kazim wird bewusst, dass es so nicht weitergehen kann, anscheinend liebt er seine Frau oder zumindest bedeutet sie ihm sehr viel, und ruft Serkan an, der gerade hinter Melisa und Christian her ist, um Melisa einzufangen und sie in die Türkei zu bringen.

Kazim sagt Serkan am Telefon, dass er zurückkommen und aufhören soll. Serkan versteht nicht, warum sein Vater seine Meinung geändert hat. Da nimmt sich die Mutter das Telefon und er sagt Serkan, dass sie ihn verflucht, wenn er Melisa oder Christian etwas tut. Dann legt sie auf. Serkan ist irritiert. Dann: „Er ist schwach. Aber ich, ich bin stark." Serkan kann nicht verstehen, dass sein Vater sich von einer *Frau* etwas sagen lässt und ist der Meinung, dass es sich nur um eine Schwäche seines

Vaters handeln kann. Denn Einsicht kann er ihm nicht zugestehen. Serkan ist der Überzeugung, dass er Melisa fernhalten *muss* von Christian, um seine Kultur ‚reinzuhalten'.

Es kommt zu einer Geschlechterdifferenz. Serkan bezeichnet es als Schwäche, dass sein Vater dem Wunsch einer Frau nachgeht, wobei es sich dabei sogar um seine Mutter handelt. Er wird als respektlos gegenüber Frauen repräsentiert.
Es stellt sich im weiteren Verlauf heraus, dass Georg Ayse und Martin getötet hat. Sein Motiv lautet „Angst vor Vermischung der Kulturen". Georg hatte nur vorgegeben, Melisa und Christian helfen zu wollen.
Letztendlich wollte er Serkan eine Falle stellen und ihn und Melisa ebenfalls töten. Eisler, Pfurtschaller und Özdemir sind rechtzeitig eingetroffen und haben diese weiteren Morde verhindern können. Sie führen Georg ab und treten gemeinsam den Marsch Richtung Telfs an. Dort kommt Georg allerdings nicht mehr lebend an, da er sich auf dem Weg in einen reißenden Bach stürzt, aus dem er nicht mehr lebend geborgen werden kann.
Klaus Larcher bekommt die Mitteilung, dass er seinen Sohn verloren hat und dieser auch noch ein Mörder ist. Es folgt eine Szene, bei der Kazim Ozbay alleine in der Moschee sitzt. Larcher betritt den Raum und setzt sich schweigend neben ihn. Man könnte dies als Zeichen der Bitte um Vergebung deuten, als Anerkennung der Moschee und Ende der Feindschaft und Gegnerschaft der beiden. Sie trauern nun *gemeinsam* um ihre Kinder, wobei der Sohn von Larcher die Tochter Ozbays getötet hat. Das Resultat ihres gegenseitigen Fremdenhasses.
Kazim fällt den Baum der Erlösung, was symbolisch für das Ende der gegenseitigen Angst voreinander, die schließlich in mörderischen Hass gemündet ist, gelesen werden kann. Auch eine weitere Szene trägt dazu bei: Kazim Ozbay gibt seiner Tochter und Christian seinen Segen, indem er symbolisch dafür ihre Hände ineinander legt.
Diese Szene ist besonders brisant, da der Bruder Christians Kazims Tochter Ayse umgebracht hat. Serkan kommt mit der plötzlichen Einstellungsveränderung des Vaters nur schwer zurecht, da der Vater das Bild der Anderen bei Serkan aufgebaut hat. Kazim hat ein Feindbild konstruiert. Und dass nun ausgerechnet Kazim diesen ‚Feind' ins eigene Haus holt, ist für Serkan fast nicht zu begreifen.
Das Ende der Unterdrückung wird auch in der Szene deutlich, in der Melisa ihrer Mutter das Kopftuch abnimmt.
Da der Fall nun gelöst ist, reist Eisler wieder ab. Pfurtschaller fährt ihn zum Flughafen. Bei der Verabschiedung sagt Eisler zu Özdemir: „Schön, dass Sie bei uns sind" und hebt die vorher durch Larcher konstruierte Differenz auf, indem er ihn als österreichischen Polizisten akzeptiert.

Pfurtschaller verabschiedet sich von Özdemir mit den Worten „Mach's gut, Knoblauchfresser", woraufhin Özdemir sich mit den Worten „Mach's gut, Schluchtenscheißer" von ihm verabschiedet. Dadurch, dass sie beide lachen, bekommen diese beiden Stereotype eine ironische Bedeutung und beide erkennen damit an, dass es von beiden Seiten Vorurteile gibt und die vermeintliche Differenz, die dadurch entsteht, aufgehoben wird, da sie ja *beide* diese Vorstellungen von einander haben.
Als Eisler sich am Flughafen von Pfurtschaller verabschiedet, kommt beim Gespräch heraus, dass Eisler mit seiner Tochter im Sommer in der Türkei Urlaub macht – genauso wie Pfurtschaller: „Ich fahre jedes Jahr nach Antalya, mit der Mama."
Dieser Schlussdialog ist ein interessanter Abschluss der Folge. Pfurtschaller hat, wie gezeigt, als „reinrassischer" Tiroler ein Problem mit der in Telfs lebenden türkischen Bevölkerung. Doch als Tourist[212] fährt er gerne in die Türkei. Eine Lesart könnte sein, dass die ‚Türken' erst dann unerwünscht sind, wenn sie eine Gefahr[213] für die ‚eigene' Kultur darstellen. Das positive Interesse für die türkische Kultur scheint nur im Urlaub zu Tage zu treten – dort, wo sie weit weg ist.

Die Ergebnisse dieser Untersuchung der Tatortfolge ‚Baum der Erlösung' werden zusammenfassend in Kapitel 7.1.2 dargestellt.

6.3.3 ‚Familienaufstellung'

In der Folge ‚Familienaufstellung' wird das Andere auf verschiedene Arten und Weisen repräsentiert. Es kommt zu unterschiedlichen Differenzkonstruktionen, welche im Folgenden näher erläutert werden.
Die Folge beginnt mit einem Einblick in das Hause Korkmaz. Die Familie Korkmaz besteht aus dem Vater Durmus Korkmaz und seiner Frau Mukkades. Die beiden haben vier Kinder: zwei Söhne, Ferhat und seinen jüngeren Bruder Kerim, und zwei Töchter, Rojin und die jüngere Schwester Arzu.
Das Haus der Korkmaz ist sehr groß und wirkt sehr gut und teuer eingerichtet. Die Familie scheint sehr wohlhabend zu sein. Es haben sich Verwandte der Familie in dem Haus eingefunden, da in ein paar Tagen die Hochzeit der Jüngsten – Arzu – mit ihrem Cousin stattfinden soll. Männer und Frauen sitzen getrennt voneinander. Es reden alle Türkisch miteinander.

212 Vgl. Kapitel 3.1.8.

213 Gefahr durch „Auslöschung" der eigenen Bevölkerung durch ‚Vermischung'.

Die Frauen tragen Kopftücher und die Männer lassen sich von Arzu Tee servieren. Es ist ein Mann zu sehen, der nicht so aussieht als ob er türkischer Abstammung wäre, der einer älteren Frau den Puls misst. Mukkades, die Mutter, zu Arzu: „Guck mal wie sie ihn schon richtig ins Herz geschlossen haben, unseren Ungläubigen." Gemeint ist damit Phillip Lewald, der Mann von Rojin.
Mit der Bezeichnung „Ungläubiger" kommt es zu einer Konstruktion der religiösen Andersheit: Phillip ist kein Muslim. Er ist zwar in der Familie integriert, hat auch Türkisch gelernt, bleibt aber dennoch das Andere. Nur durch die Ehe mit Rojin ist er Teil der Familie geworden. „Die Familie hat mich aufgenommen wie einen eigenen Sohn. Ich hatte das erste Mal das Gefühl, eine eigene Familie zu haben und nicht irgendein Verein, der sich einmal im Jahr trifft, Geschenke unter den Baum legt und sich danach streitet."
Die Familie Korkmaz wird als eine repräsentiert, die einen sehr großen Zusammenhalt hat und bei der die Familie alles ist was zählt, worauf im Folgenden noch näher eingegangen wird.
Rojin ist angehende Ärztin und kommt zu spät auf die Feier, da sie noch im Krankenhaus zu tun hatte. Ihr Bruder ist davon gar nicht begeistert und wirft Philipp vor: „Du bist nicht streng genug mit ihr!" Hieraus lassen sich schon Ansätze erkennen, dass in der Familie Korkmaz patriarchale Strukturen herrschen.
Der Vater, Durmus Korkmaz, hat es zu Reichtum in Deutschland gebracht und ein großes Unternehmen aufgebaut. Seinen ältesten Sohn Ferhat hat er in seine Firma geholt, wo er „unverzichtbar" geworden ist.
Nachdem Rojin tot in ihrer Wohnung aufgefunden wurde und noch nicht klar ist, ob es sich um Selbst- oder Fremdtötung handelt, ermitteln die Kommissare Inga Lürsen und Nils Stedefreund. Die Kommissare ermitteln auch bei der Familie der Toten.
Nach dem ersten Gespräch erzählt Kommissar Stedefreund, wie die Familie auf ihn wirkt: „Spannend. Traditionell und trotzdem sehr westlich."
Dilek Ilhan, eine Anwältin und Jugendfreundin Rojins, warnt hingegen: „Lassen Sie sich von der Fassade nicht täuschen." „Man kann seine Kinder auch unter einem Designerkopftuch zwangsverheiraten."
Der Kommissar empfindet die Familie als integriert, bezeichnet sie im gleichen Atemzug jedoch auch als „traditionell". Es stellt sich die Frage, wie das zusammenpasst. Die Familie Korkmaz ist wirtschaftlich integriert, aber in der türkischen Kultur verhaftet.
Die Aussage von Stedefreund ist also ebenfalls „spannend", da für ihn die wirtschaftliche Integration über der kulturellen steht. Für Ilhan ist dies anscheinend eine Sichtweise, die sie kritisiert. Sie mahnt, sich nicht täuschen zu lassen und mit dem Satz „Man kann seine Kinder auch unter einem Designerkopftuch zwangsverheiraten" spricht sie eben auf diesen

‚Trugschluss' der Integrationsannahme an. Das „Designerkopftuch" steht für wirtschaftlichen Erfolg durch wirtschaftliche Integration, wie auch für Verhaftung in der traditionellen Kultur. Um die Differenzkonstruktion von der Familie Korkmaz und Dilek Ilhan aufzuzeigen, werden die jeweiligen Ansichten voneinander gegeneinander gestellt.

In einem Gespräch zwischen Stedefreund und Durmus Korkmaz – dem Familienoberhaupt – geht es um Dilek Ilhan.

Durmus Korkmaz: „Das ganze Unglück hat begonnen, als diese Frau sich in das Leben unserer Tochter gemischt hat. Rojin lebte mit sich und der Familie im Reinen. Bis diese Frau ihr einredete, sie müsse sich von der Familie und den Traditionen befreien. Wie Sie sehen, leben wir gerne in Deutschland. Wir zahlen unsere Steuern und sind stolz auf das, was wir in diesem Land aufgebaut haben. Aber wir wollen und können unsere Herkunft nicht verleugnen. Stellen Sie sich vor, Sie würden Deutschland verlassen, in ein fremdes Land, ohne großes Gepäck und das Einzige, was Sie wirklich mitnehmen können, ist Ihr Glaube, sind die Sitten und Bräuche Ihrer Heimat, die Sie fest in ihrem Herzen verschlossen haben. Und jetzt sagen Sie mir: ist das ein Verbrechen?"

Stedefreund: „Sicherlich nicht. Aber inwiefern hat das mit Dilek Ilhan zu tun?" Durmus Korkmaz: „Sie ist eine Fanatikerin. Eine Türkin, die deutscher sein will als die Deutschen. Sie macht uns Vorwürfe, weil wir darauf achten, welche Ehemänner unsere Töchter und welche Ehefrauen unsere Söhne heiraten. Weil es uns nicht egal ist, mit wem sich unsere Kinder herumtreiben. Wohin es führt, wenn jeder alles tun und lassen kann, was er will, wenn jeder nur noch für sich selbst da ist, wenn es keinen Glauben, keine Regeln und keinen Respekt mehr gibt – wohin das führt: sieht das die deutsche Gesellschaft nicht gerade selbst?"

Bei einem Gespräch zwischen Dilek Ilhan und den Kommissaren ist die Quintessenz eine andere.

Ilhan: „Ich wusste, dass das irgendwann passieren würde. Diese Leute lassen eine Frau wie Rojin nicht einfach am Leben." Stedefreund: „Welche Leute?" Rojin: „Ihre Familie natürlich. Sie wollte sich scheiden lassen, wir haben die Papiere vor drei Wochen eingereicht." Lürsen: „Sie glauben, dass die Familie Korkmaz Rojin umgebracht hat, weil sie sich scheiden lassen wollte?" Ilhan: „Eine tote Tochter ist eine geringere Schande als eine Geschiedene."

Aus dieser Gegenüberstellung wird deutlich, dass die Ansichten voneinander konträr sind. Durmus Korkmaz repräsentiert eine türkische Familie, die vorgibt, gerne in Deutschland zu wohnen. Durch die Aussage „Wir zahlen unsere Steuern und sind stolz auf das, was wir in diesem Land aufgebaut haben" spricht Durmus Korkmaz wiederum auf den wirtschaftlichen Aspekt an. In der Hinsicht sind sie integriert. Doch bezüg-

lich der Tradition, des Glaubens und der Sitten und Bräuche „wollen und können“ die Korkmaz‘ ihre „Herkunft nicht verleugnen“.
Dies bestätigt die Vermutung, dass sie noch in der türkischen Kultur verhaftet und an diesem Punkt nicht integriert sind. Der Anwältin Dilek Ilhan wirft Durmus Korkmaz vor, dass sie „deutscher sein will als die Deutschen“. Sie wird in Bezug zur Familie Korkmaz als das Andere konstruiert. Eine deutsche Anwältin mit türkischen Vorfahren, die von Korkmaz wiederum als „Türkin“ bezeichnet wird. Doch Ilhan will mit Hilfe des deutschen Rechts Ehrenmorde, die im Namen der „Familienehre“ begangen werden, bekämpfen bzw. im Rahmen der Rechtsmöglichkeiten bestrafen.
„Es geht nicht darum wer wen liebt oder hasst, es geht um die Familie, um die Ehre.“ Ilhan versucht den Kommissaren ihre Theorie von einem Ehrenmord näherzubringen, denn sie ist der Meinung, dass Rojin sterben musste, weil eine „tote Tochter eine geringere Schande ist als eine geschiedene“.
Die Familie Korkmaz wird ganz klar als eine stereotype türkische Familie konstruiert, bei der die Familie über allem steht und die Ehre eine entscheidende Rolle spielt. Auch dass Durmus Korkmaz das Wort „Befreiung“ benutzt, konstruiert Zwänge. Schließlich hat Rojin sich nicht zuletzt von der bevorstehenden *Zwangs*heirat befreit, indem sie sich von der Familie losgesagt hatte. Sie kam mit Phillip Lewald zusammen und wurde schwanger von ihm, woraufhin sie sich wieder an ihre Familie annäherte.
Die Familie drängte ihr auf, Phillip zu heiraten, damit das Kind wenigstens nicht unehelich ist. „Besser einen deutschen Schwiegersohn als eine Tochter mit einem unehelichen Kind“, wie es Ilhan formuliert. Deswegen wurde Phillip in die Familie aufgenommen. Eine entscheidende Rolle spielt sicherlich auch, dass Phillip ein gebildeter Mann ist. Er ist Arzt und gehört damit zumindest nicht der unteren Schicht an, die Differenz ist also eher ethnisch konstruiert als über die Klassenzugehörigkeit.
Phillip hat sogar extra Türkisch gelernt, um die sprachliche Differenz etwas zu verringern. Sprachkonstruktionen spielen in der Folge ohnehin eine wichtige Rolle für die Differenzkonstruktionen. Die Familie Korkmaz spricht akzentfreies, sehr gutes Deutsch. Innerhalb der Familie wird hauptsächlich Deutsch gesprochen. Nur mit den aus Anatolien für die Hochzeit angereisten Verwandten wird Türkisch gesprochen. Die Differenz von Rojin zu ihrer Familie wird also nicht über Sprache hergestellt.
Auch der Kommissar Stedefreund hat extra angefangen, Türkisch zu lernen, er dachte, „das könnte bei Ermittlungen helfen“. Durmus Korkmaz empfindet dies als eine respektvolle Geste, der jüngste Sohn Kerim eher als anbiedernd. Vor allem, weil Kerim der Meinung ist, dass man zwar

die Sprache lernen kann, dadurch aber nicht die Kultur versteht. Kerim sieht sich ohnehin von stereotypen Vorstellungen missverstanden.
Er reagiert gereizt, als Stedefreund ihn damit konfrontiert, dass seine Schwester Rojin sich nicht selbst umgebracht hat, sondern ermordet wurde: „Ach… und deshalb kommen Sie jetzt hierher, weil ist ja klar dass ich das war. Der jüngste Bruder. Klar, ein kleiner dummer Türke knallt seine Schwester ab, weil die einen deutschen Ehemann hat und er nicht ertragen kann, wie sie lebt. Hauptsache, Sie können ihre Akte schnell wieder schließen. Was wirklich passiert ist, interessiert Sie doch gar nicht." Stedefreund: „Erzähl mir, was wirklich passiert ist." Kerim: „Sie haben doch überhaupt keine Ahnung. Ich wette, morgen steht wieder in der Zeitung der Scheiss von Kultur und Ehre und den bösen Moslems, die es nicht mal schaffen, in der dritten Generation sich zu integrieren, obwohl die Deutschen doch immer so super lieb zu ihnen sind."
Es kommt zu der Differenzkonstruktion der Ethnien.
Kerim fühlt sich von den Stereotypen verfolgt und zu unrecht verdächtigt, nur weil er aus einer türkischen Familie kommt. Er selbst erzählt das Klischee des jüngsten Bruders, der seine Schwester umbringt, weil er ihre westliche Lebensweise nicht akzeptieren kann. Kerim kann es nicht mehr ertragen, dass die Vorurteile durch die Medien verbreitet werden und wirft dem Kommissar vor, ebenfalls kein wirkliches Interesse an dem Tathergang und den Motiven zu haben: „Hauptsache, Sie können Ihre Akte schnell wieder schließen."
Dilek Ilhan wird in zwei Hinsichten als das Andere konstruiert. Sie wird von Durmus Korkmaz als eine „Türkin" bezeichnet, die „deutscher sein will als die Deutschen". Es ist die Differenz zu Ilhans türkischen Wurzeln und ihrer Arbeit als Anwältin, bei der sie eben die vermeintlichen türkischen Traditionen wie ‚Zwangsheirat' und ‚Ehrenmord' bekämpfen will. Außerdem wird sie als von der ‚geschlechtlichen Norm abweichend' dargestellt.
Dilek Ilhan ist homosexuell und Mukkades Korkmaz spricht folgendermaßen über sie: „Es ist traurig, das Menschen immer wieder auf diese arme kranke Frau reinfallen." Lürsen: „Wieso krank?" Mukkades Korkmaz: „Diese Frau hat für meine Tochter auf eine Art und Weise empfunden, die über die natürliche Zuneigung, die zwischen zwei Frauen herrschen sollte, drüber hinaus geht."
Mukkades Korkmaz bezeichnet Ilhan als „krank" und spricht von *„natürlicher* Zuneigung". Das Geschlecht wird hier genutzt, um eine Andersheit zu konstruieren. Homosexualität wird gar als ‚Krankheit' bezeichnet und damit Ilhan als krank konstruiert. ‚Krank' und ‚gesund' werden so zu einem binären Gegensatzpaar, wobei ‚gesund' für die gesellschaftlich anerkannte Norm der Heterosexualität steht und den domi-

nanten Pol bildet. Ilhan ist als eine „Türkin" konstruiert, die nach Ansicht der Korkmaz' zu westlich ist.
Rojin Korkmaz wird in Differenz zu ihrer Familie als das Andere konstruiert.
Sie hat sich nicht den „Sitten und Bräuchen" der Familie untergeordnet und nicht den Cousin geheiratet, dem sie seit ihrem 12. Lebensjahr versprochen ist. Sie trägt auch – im Gegensatz zu den restlichen Frauen in der Familie – kein Kopftuch, wobei allerdings nicht zur Sprache kommt, inwiefern sie religiös ist oder nicht.
Kerim sagt zu seinem Vater in einem Gespräch: „Du weißt doch selbst, wie sehr Ferhat Rojin gehasst hat. Er wird nie verkraften, dass sie klüger und ihm überlegen war."
Rojin wird durch diese Aussage und nicht zuletzt durch die Tatsache, dass sie angehende Ärztin ist, als gebildet repräsentiert. Damit steht sie allerdings nicht in Differenz zu ihrer Familie, da diese ebenfalls als gebildet repräsentiert wird. Diese Repräsentation basiert auf der Differenz zu den „anatolischen Verwandten", die eher arm und ungebildet sind.
Phillip Lewald ist das Andere bezüglich der kulturellen Verhaftung. Er wird zwar in die Familie aufgenommen und passt sich sprachlich und in den Umgangsformen wie bspw. der Begrüßung und der Verabschiedung an, wird aber sofort wieder aus der Familie ausgeschlossen, als er bei der Polizei zu Protokoll gibt, dass Durmus Korkmaz ihm Geld angeboten hat, wenn er nur die Tat der Ermordung Rojins auf sich nimmt. Ferhat empfindet dies als Verleumdung des Vaters und Phillip verstößt so gegen die Familienehre und den Zusammenhalt. Philipp erfährt, dass er durch sein Verhalten neben der Familie nun auch noch seine Tochter verloren hat, da die Korkmaz sie ihm von nun an vorenthalten wollen.
Eine Lesart könnte sein, dass Durmus Korkmaz Phillip das Geld angeboten hat, da er der Meinung ist, dass Ferhat Rojin ermordet hat. Nachdem nun Phillip das Geld nicht angenommen und der Polizei die Wahrheit gesagt hat, schickt Durmus seinen Sohn Kerim, damit er die Tat auf sich nimmt, da er noch als Minderjähriger unter das Jugendstrafrecht fällt.
Da Ferhat in der Firma „unersetzlich" geworden ist, will Durmus Korkmaz verhindern, dass er ins Gefängnis muss. „Ich verlass mich auf dich", mit diesen Worten bringt Durmus Kerim Korkmaz dazu, die Falschaussage bei der Polizei zu machen. Kerim kann fast nicht anders handeln, da auch er sich dem Wohl der Familie unterordnen muss, auch wenn es für ihn bedeutet, dass er dafür einen möglichen Mörder schützt.
Philipp gibt ebenfalls an: „Ich habe diesen Selbstmord nur vorgetäuscht, um die Familie zu schützen."
Er geht, wie auch Durmus Korkmaz, davon aus, dass der Mörder Rojins in der Familie Korkmaz zu finden ist und hat sogar einen Selbstmord

Rojins vorgetäuscht, nur um den vermeintlichen Mörder und damit die Familie zu schützen.
Am Schluss kommt es anders als man vorher vermuten hätte können.
Arzu hat einen Geliebten – Haydar –, den sie eigentlich heiraten will. Doch ihre Liebe muss sie geheim halten, da sie die Ehre der Familie nicht verletzen und keine Schande über sie bringen will. Denn Arzu soll den Cousin heiraten, den Rojin zuvor verschmäht hatte. Arzu ist hin- und hergerissen zwischen dem Willen der Familie und der Ehre und ihren persönlichen Wünschen und Begehren. Dilek Ilhan beobachtet ein Treffen von Arzu und Haydar und droht ihr damit, alles ihrer Familie zu erzählen, wenn nicht endlich der Tod von Rojin aufgeklärt würde. Nachdem auch Ilhan tot aufgefunden wird, vermuten die Kommissare erst recht ein Ehrenmordmotiv hinter Rojins Tod.
In einer Szene sind Arzu und Haydar an ihrem geheimen Treffpunkt zu sehen. Haydar entdeckt, dass Arzu sich ihre Pulsadern aufgeschnitten hat und verarztet sie schnell notdürftig. Danach sagt er ihr, wie sehr er sie liebt und dass er sie entführen will, damit sie nicht ihren Cousin heiraten muss. Arzu sagt der Verabredung für die ‚Entführung' am nächsten Abend zu.
Haydar wartet am nächsten Abend vor dem Haus der Korkmaz, in dem Feierlichkeiten und Hochzeitsvorbereitungen stattfinden. Haydar trifft vor dem Haus auf Kerim und weiht ihn in seine Pläne ein. Kerim schreit Haydar an: „Verschwinde und lass dich nie wieder hier blicken, oder willst du, dass es noch mehr Tote gibt?"

Kerim hat die Befürchtung, dass noch mehrere Morde im Namen der Ehre stattfinden könnten, wenn Haydar durch die Entführung Arzus „Schande über Arzu und die gesamte Familie Korkmaz" bringt.
Durmus Korkmaz bekommt den Vorfall mit, woraufhin er zusammen mit seiner Frau Mukkades Arzu zur Rede stellt. Dabei kommt heraus, dass Arzu keine Jungfrau mehr ist und damit „Schande über die Familie gebracht" hat, denn: „Eine gute Frau muss bei der Hochzeitsnacht bluten", wie es ihre Mutter radikal formuliert. Um die „Schande" abzuwenden, fährt Mukkades am nächsten Morgen mit Arzu zum Frauenarzt, um sie „wieder zunähen zu lassen", wie Kerim erklärt. Damit soll verdeckt werden, dass Arzu keine Jungfrau mehr ist, um, die ‚Schande' von ihr und der Familie Korkmaz abzuwenden. Am Abend findet die Hochzeit statt und alle Verwandten sind zusammengekommen. Nachdem Haydar vergeblich auf Arzu gewartet hat und sie nicht zu dem verabredeten Treffpunkt gekommen ist, taucht er auf der Hochzeit auf und will Arzu von dort entführen.
Am Ende kommt heraus, dass Arzu ihre Schwester Rojin und auch die Anwältin Dilek Ilhan umgebracht hat. Arzu: „Rojin hätte mir helfen müs-

sen, sie war doch meine Schwester. Es wäre keine große Sache für sie gewesen, niemand hätte etwas gemerkt und alles wäre wieder gut geworden.“ Lürsen: „Was wäre wieder gut geworden?“ Arzu: „Sie hätte mich wieder zur Jungfrau machen können.“

Arzu hat Delik Ilhan umgebracht, weil sie sie ebenfalls an ihre Familie verraten wollte.

Die Repräsentation der Familie Korkmaz als in den türkischen Traditionen verhaftet verstärkt sich durch die Morde Arzus. Arzu hatte den Drang nach selbstbestimmter Liebe, fühlte sich der Familie dennoch so stark unterworfen und verpflichtet, dass sie es nie über sich gebracht hätte, „Schande“ über sie zu bringen. Ihre Verzweiflung hat zwei Menschenleben gekostet und fast noch ihr eigenes.

Der Repräsentation der türkischen Kultur und der Traditionen sowie dem vermeintlichen Familienzusammenhalt, der über den individuellen Bedürfnissen steht, kommt somit eine gnadenlose und im Endeffekt eine die Familie zerstörende Bedeutung zu.

Die Ergebnisse dieser Untersuchung sind in dem Abschnitt 7.1.3 zusammenfassend dargestellt.

7. Untersuchungsergebnisse

Dieses Kapitel umfasst die Ergebnisse der in Kapitel 6 untersuchten Tatortfolgen. Zuerst werden die Ergebnisse aus der jeweiligen Untersuchung präsentiert, bevor im Anschluss daran die Ergebnisse der einzelnen Folgen gegenübergestellt und evaluiert werden.

7.1 Ergebnisse der untersuchten Tatortfolgen

Nachfolgend werden die Ergebnisse aus den Untersuchungen der einzelnen Tatortfolgen vorgestellt.

7.1.1 ‚Wem Ehre gebührt'

In der Folge ‚Wem Ehre gebührt', die in Abschnitt 6.3.1. eingehend untersucht wurde, lassen sich zwei Figuren deutlich erkennen, die entweder als das Andere repräsentiert werden oder durch die das Andere konstruiert wird, oder aber die Konstruktion des Anderen teilweise durch Spiegelung funktioniert.

Die erste Figur ist in der Kommissarin Lindholm zu identifizieren. Lindholm wird in unterschiedlichen Bereichen als das Andere konstruiert: sie wird als das andere Geschlecht in Gestalt einer Frau dargestellt, die allerdings keine stereotypen weiblichen Eigenschaften besitzt, sondern als stereotyp männlich konstruiert ist.

Die Differenz wird hier vor allem durch den Mitbewohner Martin erzeugt, der dagegen mit stereotypen weiblichen Eigenschaften ausgestattet ist. Dadurch kommt es hier zu einer Überkreuzung von ‚sex' und ‚gender'.[214] Die Aussage De Beauvoirs: „(...)Sie [die Frau, d.Ver.] wird bestimmt und unterschieden mit Bezug auf den Mann, dieser aber nicht mit Bezug auf sie; sie ist das Unwesentliche angesichts des Wesentlichen. Er ist das Subjekt, er ist das Absolute: sie ist das Andere"[215], untermauert diese Annahme, doch mit dem Unterscheid, dass die Kriterien hier bei dem Mann angelegt werden.
Jedoch erhält Lindholm durch ihre Schwangerschaft eine eindeutig biologisch begründete weibliche Zuschreibung. Außerdem wird sie anfangs als ‚Rabenmutter' dargestellt, die sich nicht auf ihr Kind zu freuen scheint. Lindholm kann als Einzelkämpferin, als welche sie auch dargestellt wird, nicht zusätzlich noch jemanden gebrauchen, letztendlich also

214 Siehe auch Kap. 3.6.1.

215 De Beauvoir, 1951, S.10.

auch kein Kind. Sie verkörpert nicht das klassische Bild einer werdenden Mutter.

Auch mit Hilfe des Konzepts der sozialen Identität[216] wird Lindholm als anders – innerhalb der Arbeitsgemeinschaft – konstruiert. Sie kooperiert nicht mit ihren ArbeitskollegInnen und führt dagegen ein Einzelkämpferdasein. Anfangs wurden ihr noch Angebote zur Zusammenarbeit seitens der KollegInnen gemacht, die sie jedoch ablehnte und sich damit selbst so als das Andere positionierte.

Die Differenz zu ihrem deutsch-türkischen Kollegen Aslan basiert seinerseits auf einer ethnischen Ebene. Er fühlt sich ständig als stereotypisierter Türke fast schon verfolgt und hat dabei das Gefühl, dagegen angehen zu müssen. In gewisser Weise zieht er sich auf diese Stereotype zurück („Du unterstellt mir Sexismus *nur* weil ich Türke bin"). Dabei bildet Lindholm nicht durch ihre Äußerungen den ethnischen Gegenpol Aslans, sondern Aslan selbst spiegelt seine ethnische Differenz zu Lindholm an ihr. Lindholm hingegen stellt sich zu Aslan als eher geschlechtlich different dar.

In Kohärenz zu der deutsch-türkischen Familie basiert die Konstruktion von Lindholm als das Andere stärker auf Sprache, als auf einer kulturellen oder ethnischen Differenz. In den Szenen, in denen Lindholm und die deutsch-türkische Familie aufeinander treffen, wird sie immer wieder durch die Verwendung des Türkischen aus den Gesprächen ausgeschlossen. Da sie kein Türkisch versteht und die Familie des Deutschen *und* Türkischen mächtig ist, bildet die Familie – als Gemeinschaft, basierend auf Sprache – den dominanten Pol. Der Sprache kommt in diesem Zusammenhang also eine besondere Bedeutung zu. Die Sprach*zugehörigkeit* Deutsch-Türkisch könnte auch ein Merkmal des *Zugehörigkeits*gefühls sein: Zu Hause in zwei Welten, zu Hause in der Türkei und in Deutschland.[217]

Die Familie wird von Lindholm als „modern" bezeichnet, wobei modern in diesem Zusammenhang als ‚westlich-orientiert' verstanden werden kann.[218]

Die Frauen der Familie tragen keine Kopftücher- bis auf die jüngste Tochter Selda.

Die Untersuchung zeigt, dass Selda die zweite Figur ist, die neben Lindholm das Andere repräsentiert, bzw. die als das Andere konstruiert wird. Selda ist das religiöse Andere in Differenz zu ihrer Familie. Sie ist die einzige, die sunnitischen Glaubens ist – die restlichen Familienmitglieder

216 Vgl. Kretzschmar, 2002, S.76 sowie Kapitel 3.1.2.

217 Vgl. Hall, 1994a.

218 Vgl. Hall, 1994c, S.138. Weitere Ausführungen siehe Kapitel 3.1.4.

sind Aleviten –, zu dem sie jedoch nur durch ihren sunnitischen Schwager gefunden hat, und der letztendlich von Selda als Zufluchtsort genutzt wurde. Selda und Lindholm repräsentieren also jeweils das Andere, die Konstruktionen lösen sich am Ende der Folge von der Differenz.
Selda wird in der letzten Szene, in der sie zu sehen ist, ohne Kopftuch dargestellt. Sie findet nun den Halt, den die Religion ihr ersatzweise geboten hat, wieder bei ihrer Mutter. Sie wird jetzt wieder Teil der Familie und ist nicht mehr das religiöse Andere. Hier wird deutlich, dass die *türkische* Familie als das ethnisch Andere zur deutschen Gesellschaft keine homogene Gemeinschaft ist. Im Verhältnis zu *Deutsch* scheint *Türkisch* dem als geschlossene Gruppe gegenüberzustehen. Doch an der Figur Selda wird gezeigt, dass auch ethnische Gruppen für sich keine geschlossene Homogenität vorweisen, sondern ebenso heterogene Elemente in sich tragen.
Am Schluss der Folge freut Lindholm sich auf ihr Kind und die Konflikte, die Teil der Konstruktionen sind, lösen sich, nachdem Lindholm durch ihre Hartnäckigkeit und ihr Einzelkämpferdasein den Fall ‚Afife' gelöst hat.[219] Die Ordnung ist wiederhergestellt. [220]Ihr Vorgesetzter bittet Sie um Entschuldigung und bietet ihr das vorher so ersehnte Einzelbüro an. Sie lehnt dies und scheint sich nun zu integrieren. Die Arbeitsgemeinschaft ist nun Teil ihrer sozialen Identität.

7.1.2 ‚Baum der Erlösung'

In der Tatortfolge ‚Baum der Erlösung' ist das Andere so vielfältig repräsentiert, dass die Identifizierung der Konstruktionen sich zunächst als schwierig darstellt.
Es lässt sich jedoch symbolisch *die* große Differenzkonstruktion Kirche – Moschee, bzw. Kirchturm – Minarett herausarbeiten, die für eine Reihe von darauf basierenden Differenzkonstruktionen steht.
Das Andere für die ‚Einheimischen' repräsentieren die ‚Türken', was sich an eben diesen beiden Symbolen manifestiert. Der nationalen Zugehörigkeit, dem ‚Pass', kommt hier keine Bedeutung zu. Ungeachtet der Staatsangehörigkeit werden die in dem Tiroler Ort Telfs lebenden Türken als das Andere betrachtet. Die Differenz wird durch die Kulturen geschaffen, stellvertretend für diese Kulturen stehen zwei Männer, die sich gegenüberstehen, getrennt von der Angst vor ‚Vermischung' und der darauf folgenden „Auslöschung der eigenen Kultur": Klaus Larcher, der stereotype Tiroler und Kazim Ozbay, der stereotype Türke.

---

219 Eine Deutung könnte auch die sein, dass Lindholm erst durch das Einzelkämpferdasein ein Teil der Gemeinschaft werden konnte.

220 Vgl. Lindner, 2004, S.92.

Das Konzept des Gastarbeiters[221] ist hier erkennbar. Die Gastarbeiter, die aus wirtschaftlichen Gründen seinerzeit geholt wurden und lange Zeit willkommen waren, bis sich herausstellte, dass sie nicht mehr in ihr Heimatland *zurück*kehren. Aus dem Gast wird ein unerwünschter Fremder, der durch *seine* (andere) Kultur bedrohlich wirkt.
Neben dem Gastarbeiterkonzept ist hier auch das Reinheitskonzept[222] erkennbar, denn auch die türkische Gemeinde will ihre Kultur ‚reinhalten' und versucht mit allen Mitteln die Vermischung der beiden sich (vermeintlich) gegenüberstehenden Kulturen zu vermeiden. Nach Bauman ist das damit zu erklären, dass Menschen einen Ordnungstrieb haben, dessen Ausleben das Fremde, den ‚Schmutz' hervorbringt.[223] So ist für die Gemeinden das jeweils andere das Fremde.

Zwischen diesen binären Polen der Kulturen entstehen Zwischenräume, die ihre eigenen Figuren hervorbringen: Vedat Özdemir und Melisa Ozbay. Özdemir wird als anders repräsentiert. Er bezeichnet sich selbst als „Einheimischer", spricht aber von den in Telfs lebenden Türken als seinen „Landsleuten".
Er fühlt sich einerseits in beiden Kulturen zu Hause, andererseits können beide Kulturen ihn nicht akzeptieren. Als Polizist, der für den österreichischen Staat arbeitet, wird er als different zu der türkischen Gemeinde konstruiert. Durch seine Verhaftung in der türkischen Kultur, zumindest noch über die Sprache, ist er different zu den „reinrassischen" Einheimischen, wie sein Kollege Pfurtschaller von der Polizei sich selbst bezeichnet.
Die Differenzkonstruktion der beiden Kulturen findet sich auf der Ebene der Polizei eben in diesen Figuren wieder: Özdemir und Pfurtschaller, wobei Özdemir keiner der beiden Kulturen eindeutig zuzuordnen ist. An Özdemir lässt sich eine neue Form von Zugehörigkeitsgefühl erkennen. Er zeigt auf, dass man sich auch mehreren Kulturen zugehörig fühlen kann und dort die eigene Identität findet. [224] Es wird mit Özdemir auch deutlich gemacht, dass es möglich ist, sich mit einer mehreren Kulturen zu identifizieren, ohne einen Teil seiner Herkunft zu leugnen. Nur die jeweiligen Kulturen scheinen (noch) nicht bereit zu sein, Identitäten wie die von Özdemir als gleichwertig zu akzeptieren.
Melisa Ozbay ist in ihrer stereotyp repräsentierten Familie das Andere. Die patriarchalen Strukturen innerhalb der Familie werden durch Melisa

221 Vgl. Merz-Benz/Wagner, 2002, S.34 und Kapitel 3.1.8.

222 Vgl. Kapitel 3.1.3.

223 Vgl. Bauman, 1999, S.19.

224 Vgl. Hall, 1994a.

sichtbar gemacht. Sie ist gebildet und trägt im Gegensatz zu ihrer Mutter und ihrer Großmutter kein Kopftuch, ob sie jedoch dadurch als das religiöse Andere konstruiert wird, bleibt offen. Melisa soll von ihrem Vater in der Türkei zwangsverheiratet werden, da sie einen Einheimischen zum Freund hat. Das Motiv ‚Angst vor Auslöschung' spielt bei diesem Entschluss eine grundlegende Rolle. Zwangsheirat – fünf Menschen erhängten sich deswegen schon an einem Baum. Sie flohen vor der Zwangsheirat in den Tod und fanden Zuflucht und Erlösung in eben diesem Baum, dem ‚Baum der Erlösung'.
Die Sprache ist ebenfalls Teil der Differenz: Innerhalb der Türkischen Gemeinde wird hauptsächlich Türkisch gesprochen. Melisa ist die einzige, die auch innerhalb der Familie Deutsch spricht. Es zeigen sich auch hier wieder die heterogenen Ausprägungen von ethnischen Gemeinschaften.
Die gegenseitige Angst und der daraus resultierende Fremdenhass, der beiden Parteien inne wohnt, führen am Ende hin zu Mord. So different die Kulturen auch dargestellt werden, am Ende sind sie durch die gleichen Motive der ‚Angst vor Auslöschung' vereint.
Larcher erkennt, dass seine Angst und der Fremdenhass, die auch auf seinen Sohn übertragen wurden, am Ende dazu geführt haben, dass sein Sohn zum Mörder geworden ist und sich am Ende selbst umbringt, eben aufgrund dieser Ideologie. Der Anführer der Minarettbau-Gegner findet daraufhin den Weg in die Moschee. Die Differenz gerät dadurch ins Wanken.

Das Andere basierend auf Geschlechterdifferenz spielt in der türkischen Familie ebenso eine Rolle: Die patriarchalen Strukturen werden durch eine ‚natürliche' Macht des Mannes über die Frau begründet.[225] Die Frau von Kazim Ozbay sieht keinen anderen Ausweg sich Gehör zu verschaffen als durch den eigenen Tod. Als der Selbstmordversuch scheitert, findet sie erst den Mut, sich auch verbal „gegen die Männer" zu wehren. Am Ende legt Melisa ihrer Mutter das Kopftuch ab, wodurch die Anfänge einer symbolischen Befreiung aus der Unterdrückung gemacht werden, was durch das Fällen des ‚Baums der Erlösung' durch Kazim Ozbay zusätzlich verstärkt wird.
Das Andere ist also die jeweils andere Kultur, welche unabhängig von der Staatsbürgerschaft konstruiert und symbolisch repräsentiert ist durch die zwei Bauten Kirche und Moschee. Wie auch Kretzschmar treffend formuliert: „Die Kultur wird zur Festung, und der Fremde wird zum Feind, der sie einnehmen könnte".[226] Die zwei Bauten können als sym-

[225] Vgl. De Beauvoir, 1951.

[226] Kretschmar, 2002, S.76.

bolische Festungen interpretiert werden, die um jeden Preis verteidigt werden. Durch die sprachlichen Konstruktionen ‚wir', ‚uns' und ‚die', wird die Differenz noch verstärkt.
Der Angst vor dem Fremden wird in der letzten Szene der Folge ad absurdum geführt, als Pfurtschaller – der „reinrassische" Tiroler – erklärt, dass er jedes Jahr mit seiner Mutter nach Antalya in die Türkei fährt, um dort Urlaub zu machen. Hier greift das Konzept des Touristen. Für den Touristen Pfurtschaller ist die türkische Kultur interessant. Jedoch nur, wenn sie in ihrem Land bleibt und weit weg „keine Bedrohung für die [eigene] Kultur"[227] darstellt. Und um es mit Bauman zu sagen: „In der Welt des Touristen erscheint das Fremde zahm, domestiziert und ohne noch Schrecken zu verbreiten(…)."[228]

7.1.3 ‚Familienaufstellung'

Das Andere in der Tatortfolge ‚Familienaufstellung' ist nicht so einfach zu identifizieren, wie es im ersten Moment scheint.
Im Mittelpunkt der Repräsentation und Konstruktion des Anderen steht die deutsch-türkische Familie Korkmaz.
Die Familie wird hinsichtlich der kulturellen Verhaftung als stereotype türkische Familie dargestellt. An dieser Stelle tritt die Komplexität von kultureller Identität[229] deutlich hervor, denn einerseits haben sie ihre Sitten und Bräuche bewahrt und werden als ‚traditionell' repräsentiert. Andererseits sind sie wirtschaftlich erfolgreich und so kommt es zu der Aussage des Kommissars, dass die Familie Korkmaz „sehr traditionell und westlich" zugleich auf ihn wirkt und er würde sich wünschen, dass alle „so integriert wären".
Hier kommt es zu einer Hierarchisierung der Integrationsfaktoren.
Die wirtschaftliche Integration scheint über der kulturellen zu stehen. Die Differenz der Kulturen wird durch den wirtschaftlichen Erfolg verringert und es kommt zu der Beschreibung ‚westlich', wobei die Familie Korkmaz als „zutiefst religiös" repräsentiert wird. Der Zusammenhang zwischen der Zuschreibung ‚westlich' und dem wirtschaftlichen Erfolg wird deutlicher, wenn die Definition von Hall zu Hilfe genommen wird, denn ‚westlich' bedeutet nach Hall „(…) entwickelt, industrialisiert, städtisch, kapitalistisch, säkularisiert und modern."[230]

227 Merz-Benz/Wagner, 2002, S.35.

228 Bauman, 2002, S.183.

229 Vgl. Hall, 1994a.

230 Hall, 1994, S.134.

Doch nicht die Familie Korkmaz wird als das Andere dargestellt, die Konstruktionen des Anderen werden durch die Differenz *zu ihr* dargestellt.
So ist eine Figur, die das Andere repräsentiert, in der Anwältin und Jugendfreundin Rojins auszumachen: Dilek Ilhan. Sie wird als ‚Türkin' bezeichnet, die „deutscher sein will als die Deutschen" und welche die ‚eigene' türkische Kultur, die Sitten und Bräuche mit Hilfe des deutschen Rechts bekämpft. Sie ist das kulturell Andere in Differenz zu der Familie Korkmaz, obwohl Durmus Korkmaz sie als „Türkin" bezeichnet.

In der Sexualität ist sie ebenfalls das Andere. Sie entspricht nicht der gesellschaftlichen ‚Norm' und wird als ‚krank' bezeichnet. Hierbei kommt es zu der binären Differenz[231] von ‚krank'/ ‚gesund', wobei ‚gesund' der dominante Part ist und für die gesellschaftlich anerkannte Form der Sexualität steht: die Heterosexualität. Dilek Ilhan ist homosexuell und ihre „Zuneigung zu Frauen geht über die natürliche Zuneigung hinaus". Es kommt so zu einer ‚Naturalisierung' und ‚Selbstverständlichung'[232] der Heterosexualität. Der Aspekt der „Entselbstverständlichung"[233] kommt hier zum Tragen. Morley verwendet diesen Begriff um hervorzuheben, dass diese „Selbstverständlichung – in diesem Fall der ‚Heterosexualität – einen prozesshaften Charakter hat. Durch immerwährende Wiederholung der Aussage, die Heterosexualität sei die natürliche Sexualität, wird dies in der Folge als selbstverständlich angenommen.

Bei Ilhan ist das Konzept der ‚Intersektionalität' erkennbar, denn „(...) es thematisiert, wie sich die verschiedenen Dimensionen der sozialen Gruppenzugehörigkeit überschneiden."[234] Erst durch die Interdependenzen der Kategorien – wie ‚Frau', ‚homosexuell', ‚Türkin', ‚Deutsche' – denen sie durch Konstruktionen zugeordnet wird, wird sie zum Anderen.
In der Folge kommt es zu einer interessanten Vermischung der Differenz: wo sonst die Vermutung besteht, dass eine Familie, die als in der türkischen Kultur verhaftet repräsentiert wird, das Andere darstellt, erhält die türkische Familie hier eine andere Bedeutung. Dilek Ilhan wird als anders konstruiert, da sie sich von den Sitten und Bräuchen losgesagt hat und sich mit ‚westlichen' Werten identifiziert. So kommt es zu einer Konstruktion der Andersheit, die zwar auch auf der Ebene der Kultur basiert,

231 Vgl. Hall, 2004, S.118.
232 Vgl. Kapitel 1.4.
233 Morley, 1999, S112.
234 Dören, 2007, S.112.

jedoch bei Ilhan, wie erwähnt, noch auf weitere Konstruktionen zurückzuführen ist.

Die Familie Korkmaz will zwar ihre „Herkunft nicht verleugnen“, aber statt einer Pflege ihrer kulturellen Werte werden diese Werte gegen ‚äußere Eindringlinge‘ verteidigt. Es ist also auch ein ‚Reinheitsmodell‘ erkennbar, denn „den Boden fegen und Verräter stigmatisieren oder Fremde ausweisen – alles scheint von demselben Motiv auszugehen, Ordnung zu bewahren.“[235] So soll auch durch Zwangsheirat und frühe Eheversprechen, um die Kinder innerhalb der Familie zu verheiraten, die Kultur bewahrt werden.
Die Tochter Rojin hat sich selbst aus den familiären Strukturen „befreit“ und sich der Zwangsheirat entzogen. Damit steht sie außerhalb der Familie. Sie wurde schwanger von einem deutschen Arzt und näherte sich dann wieder der Familie an, welche sie zu einer Heirat mit dem Vater des Kindes – Phillip Lewald – zwang.
Warum sie sich allerdings diesmal zu der Heirat zwingen lies, bleibt offen.
Die Frage danach, warum die Eltern den „Deutschen“ als Schwiegersohn akzeptieren, beantwortet Ilhan: „besser einen deutschen Schwiegersohn, als eine Tochter mit einem unehelichen Kind“. Die Familienehre wird über die Verteidigung der Werte nach außen gestellt, wodurch die wiederum verteidigt werden. Phillip wird als einziger ‚Deutscher‘ in die Familie aufgenommen und er passt sich ihr durch Anlernen der Sprache und der kulturellen Verhaltensweisen an. Philipp wird als das kulturell Andere konstruiert, bei dem die Differenz der Klassenzugehörigkeit wegfällt. Die anatolischen Verwandten bilden als einzige Gruppe das Gegensatzpaar zu ‚vermögend‘/ ‚gebildet‘, denn sowohl die Familie Korkmaz als Unternehmer, Dilek Ilhan als Anwältin, Phillip Lewald als Arzt und Rojin als angehende Ärztin befinden sich auf einer Gesellschaftsebene.
Rojin ist ebenfalls – wie Dilek Ilhan – das Andere in Differenz zu ihrer Familie. Sie trägt als einzige Frau in ihrer Familie kein Kopftuch, wobei die Religion dabei nicht direkt angesprochen wird. Dem Kopftuch kommt nur die Bedeutung der optischen „Befreiung“ von der Familie zu. Rojin hat sich nicht dem Willen ihrer Familie untergeordnet und hat ihre individuellen Wünsche und Begehren über die der Familie gestellt.

Der Sprache kommt in dieser Folge ebenfalls eine Bedeutung zu. Die Familie Korkmaz spricht sehr gutes, akzentfreies Deutsch und auch untereinander wird meist Deutsch gesprochen. Die Gespräche mit den türki-

[235] Bauman, 1999, S.19.

schen Verwandten werden meist auf Türkisch abgehalten. Die Korkamz‘ beherrschen beide Sprachen sehr gut. Der Kommissar Stedefreund hat „extra für Ermittlungen“ Türkischunterricht genommen. Durmus Korkmaz empfindet es als respektvoll von Stedefreund, dass er ein paar Sätze auf Türkisch mit der Familie spricht, der jüngste Sohn Kerim eher als anbiedernd. Nur durch das Erlernen der Sprache allein sei die Kultur nicht zu verstehen, meint Kerim.
Hier wird deutlich, dass auch Sprache dem *Ansatz der Differenz* folgt. Wenn Hall davon ausgeht, dass Bedeutung „(…) von der Differenz zwischen Gegensätzen ab[hängt]“[236], dann ist dies anhand der Sprachdifferenzen zwischen Deutsch und Türkisch zu erkennen. Die Verwendung von Sprache ist ein Teil der kulturellen Identität, die somit Ausdruck finden kann.
Die Familie wird nicht in Differenz zu der ‚deutschen Gesellschaft‘ gezeigt, nur an einer Stelle geht Durmus Korkmaz selbst darauf ein, indem er sagt: „Wohin es führt, wenn jeder alles tun und lassen kann, was er will, wenn jeder nur noch für sich selbst da ist, wenn es keinen Glauben, keine Regeln und keinen Respekt mehr gibt – wohin das führt: sieht das die deutsche Gesellschaft nicht gerade selbst?“
Die jüngste Tochter Arzu soll einen Cousin heiraten. Arzu ist hin- und hergerissen zwischen ihren individuellen Wünschen und denen der Familie. Sie will sich der Familie beugen. Die Angst davor auf ihrer individuellen Freiheit zu bestehen hat sie zur Mörderin gemacht.

Die türkische Kultur mit ihren Traditionen sowie dem vermeintlichen Familienzusammenhalt, der über den individuellen Bedürfnissen steht, wird als gnadenlos und im Endeffekt die Familie zerstörend repräsentiert. Die äußeren Zuschreibungen wie ‚westlich‘ und ‚modern‘ für eine ‚europäische‘, ‚deutsche‘ Lebensweise, die nach außen hin gepflegt wurden, weichen dem inneren Kern und dem Verständnis der türkischen Traditionen und Ansichten.

7.2 Gegenüberstellung und Evaluation der Ergebnisse

In diesem Abschnitt werden die Ergebnisse der untersuchten Tatortfolgen, die im vorhergegangenen Abschnitt diskutiert wurden, gegenübergestellt und evaluiert. Dazu wird aufgezeigt, welche Konzepte und Ansätze zur Konstruktion des Anderen genutzt werden, ob diese nur vereinzelt auftreten oder ob sie in allen untersuchten Folgen zu finden sind.

236 Hall, 2004, S.117.

In den untersuchten Folgen der Krimireihe gibt es einige Konzepte, die in allen drei Folgen Teil der Konstruktion des Anderen sind.
Folgenübergreifende Konzepte sind die Differenz durch Sprache, das Symbol des Kopftuchs, das ‚Ehrenmordmotiv' als anfänglich vermutetes Mordmotiv seitens der Kommissare, der Unterschied von Staatsangehörigkeit und der kulturellen Identität sowie die Geschlechterdifferenz.

In allen drei Folgen wird durch die Sprache Differenz erzeugt. In ‚Wem Ehre gebührt' und ‚Familienaufstellung' sind die türkischen Dialoge im Gegensatz zu ‚Baum der Erlösung' nicht mit deutschen Untertiteln versehen. Dadurch wird nicht nur bezüglich der Figuren in den Folgen, sondern auch in Bezug zu den RezipientInnen Differenz konstruiert, zumindest bei denen, die kein Türkisch verstehen. Folgenübergreifend sprechen die als türkisch repräsentierten Familien Deutsch *und* Türkisch, was als Teil der Konstruktion gesehen werden kann. In ‚Wem Ehre gebührt' kommt es gar zur Ausgrenzung der Kommissarin durch die Verwendung der türkischen Sprache. Das verwendete Deutsch ist in allen Folgen akzentfrei, nur in ‚Baum der Erlösung' ist ein Tiroler Dialekt erkennbar, der seine Begründung in der Konzeption des ‚Tatort'[237] und dem ‚Lokalkolorit' findet.
Dem Tragen des Kopftuches kommt in allen Folgen eine spezielle Bedeutung zu. Im Gegensatz zu ‚Wem Ehre gebührt', bei der das Andere durch das *Tragen* des Kopftuches konstruiert wird, führt in den anderen beiden Folgen das *Nicht-Tragen* zur Konstruktion des Anderen. Eine explizierte religiöse Bedeutung erhält das Kopftuch nur in ‚Wem Ehre gebührt', in den verbleibenden Folgen steht es eher für Machtkonstellationen innerhalb der Familien, die sich in den patriarchalen Strukturen wiederfinden. Diese wird in ‚Baum der Erlösung' explizit durch die „natürliche" Vormachtstellung des Mannes über der Frau begründet.

Bei allen drei Folgen vermuten die Kommissare durchgehend anfangs einen Ehrenmord, also das Mordmotiv der Ehrverletzung, welches sich jedoch in keinem Fall bestätigt und auf stereotypen Vorstellungen beruht. Nur in ‚Familienaufstellung' kam es zu einem zweifachen Mord, der seine Wurzeln in der Angst findet, Schande über die Familie zu bringen. Man könnte es auch so deuten, dass die Morde aus Verhinderung von möglichen Ehrenmorden begangen werden.

„Einen deutschen Pass haben und deutsch sein ist nicht dasselbe." Dieser Ausspruch ist in abgewandelter Form in jeder Folge zu finden. Bei

---

237 Siehe Kapitel 4.1.

‚Baum der Erlösung' ist dies nicht der deutsche Pass, sondern der österreichische, wobei die Bedeutung allerdings gleich bleibt.
Es kommt zu der Differenzierung zwischen der Staatsangehörigkeit und der kulturellen Zugehörigkeit. In jeder der drei Folgen sind die türkischen Familien deutsche bzw. österreichische StaatsbürgerInnen, doch ist die Relevanz der kulturellen Zugehörigkeit – die sich in ‚Baum der Erlösung' und ‚Familienaufstellung' in der türkischen Kultur wiederfindet – größer als die der Staatsangehörigkeit. Einzig in ‚Wem Ehre gebührt' wird die Diskrepanz der verschiedenen Zugehörigkeiten nicht an der deutsch-türkischen Familie dargestellt, sondern an dem Kommissar, der zwar für den deutschen Staat arbeitet und – von seinem Pass ausgehend – Deutscher ist. Doch er selbst fühlt sich von stereotypen Vorstellungen geradezu verfolgt, obwohl diese von außen nicht an ihn herangetragen werden.

In allen Folgen sind auch Ansätze des anderen Geschlechts zu erkennen. In ‚Baum der Erlösung' ist die Mutter der Familie die einzige, die kein Deutsch spricht und somit in Abhängigkeit von ihrem Mann und den Kindern ist, die ihr alles übersetzen müssen. Die Unterdrückung durch die als „natürlich" begründete Vormachtstellung der Männer führt so weit, dass sie sich radikal nur durch einen Selbstmordversuch Gehör verschaffen kann. Gegen Ende hin wird durch das Ablegen des Kopftuches eine symbolische Befreiung aus dieser Unterdrückung vorgenommen. In ‚Familienaufstellung' sowie in ‚Baum der Erlösung' werden die Frauen durch das Motiv der Zwangsheirat ebenfalls ihrer Freiheitsrechte beraubt. Die freie Wahl des Ehemanns ist ihnen untersagt.

Nur in ‚Familienaufstellung' wird eine andere Geschlechterdifferenz aufgezeigt: Die andere Sexualität kommt nur in dieser Folge zur Sprache. Homosexualität wird im Gegensatz zur gesellschaftlich anerkannten ‚Norm' der Heterosexualität als „krank" bezeichnet, womit die Heterosexualität mit der Bedeutung „gesund" belegt wird.
In der Folge ‚Wem Ehre gebührt' kommt es durch die Kommissarin und ihren Mitbewohner zu einer Überkreuzung von ‚sex' und ‚gender'[238]: sie wird als das Andere Geschlecht in Gestalt einer Frau dargestellt, die allerdings keine stereotypen weiblichen Eigenschaften besitzt, sondern ist als stereotyp männlich konstruiert. Die Differenz wird hier vor allem durch den Mitbewohner erzeugt.

Bemerkenswert ist das Ergebnis, dass die türkische Familie in ‚Familienaufstellung' den dominanten Pol in Differenz zur deutschen Gesellschaft

[238] Siehe auch Kap. 3.6.1.

bildet. Nur durch einen Dialog wird die deutsche Gesellschaft als Kontrahent zur vermeintlich türkischen Gesellschaftform thematisiert und somit hergestellt.

Der Ansatz des Gastarbeiters ist lediglich in der Folge ‚Baum der Erlösung' erkennbar. Einerseits wird er ausdrücklich verbalisiert, andererseits zieht sich die Problematik durch die gesamte Folge und ist nicht zuletzt in dem Streit um eine Symbolik wiederzufinden. In dieser Folge ist es auch der Tourist, der den vorher repräsentierten ‚Fremdenhass' ad absurdum führt. Es kommt zu einer deutlichen Unterscheidung in der Bewertung der Anderen Kultur. Die Bewertung fällt so unterschiedlich aus, je nachdem ob die andere Kultur als Bedrohung für die ‚Reinhaltung' der eigenen Kultur wahrgenommen wird, oder ob sie sich ‚nett' aus innerer Entfernung betrachten lässt. In letzterem Fall ist die andere Kultur oft ein Faszinosum, jedoch nur solange die Grenzen klar gesetzt sind und auch bleiben.

Im folgenden Kapitel wird ein Fazit aus den eben vorgestellten Ergebnissen gezogen.

8. Fazit

In diesem Kapitel wird eine Zusammenfassung der Untersuchungsergebnisse gegeben und es werden Schlussfolgerungen daraus gezogen. Zu diesem Zweck wird hier ein Wechsel von der Thema-Ebene zur Meta-Ebene vollzogen, um von dieser aus einen umfassenderen Blick auf die Thematik zu erhalten.

Eingangs dieser Untersuchung stand die Frage: Was wird in der Krimireihe ‚Tatort' als das Andere repräsentiert und wie wird es konstruiert?
Zu dieser Frage konnten zahlreiche Antworten gegeben werden, wobei auch die eingangs gestellten zusätzlichen Fragen berücksichtigt werden konnten.
In dieser Untersuchung konnte aufgezeigt werden, dass die diskutierten Konzepte und Ansätze zur Konstruktion des Anderen insgesamt in allen Folgen erkennbar sind. Es konnten dabei auch zahlreiche Differenzkonstruktionen aufgezeigt und die Relevanz für die Konstruktion des Anderen erörtert werden.
Die Vorgehensweise in der Untersuchung im Hinblick auf Theorie und Methodik hat sich als sinnvoll erwiesen. Durch die Cultural Studies hat die Medienanalyse einen Rahmen erhalten, der es ermöglichte, die Konstruktionen und Repräsentationen des Anderen in der Krimireihe besonders deutlich herauszustellen.
Als Untersuchungsobjekte wurden drei Tatortfolgen ausgewählt. Die Ergebnisse dieser Untersuchungen werden im Folgenden zusammengefasst dargestellt. Es werden Schlussfolgerungen aus diesen Ergebnissen gezogen.

In zwei von drei der untersuchten Folgen kommt es zu stereotypen Darstellungen ‚türkischer' Familien. Sie werden mit patriarchalen Strukturen dargestellt. Die Frauen sind der ‚natürlichen' Vormachtstellung des Mannes untergeordnet. Zwangsheirat wird als legitimes Mittel angesehen, um die eigene Kultur ‚reinzuhalten' und sie so vor Vermischung zu schützen.

Die Töchter werden jeweils als das Andere repräsentiert in Differenz zu ihren Familien. Einerseits erfolgt dies durch das symbolische Ablegen der Kopftücher, wobei die Distanzierung durch diesen symbolischen Akt von der Religion der Familie nicht explizit angesprochen wird. In ‚Baum der Erlösung' kommt es zwar zu einer Aufweichung dieser stereotypen und klischeehaften Darstellung der Familie, da der binäre Gegenpart aus einer ebenso klischeehaft dargestellten Tiroler Familie besteht. Beide

Familien sind von den gleichen Motiven – dem ‚Reinhalten' der eigenen Kultur, ‚Angst vor Auslöschung' der eigenen Kultur durch Vermischung mit der jeweils anderen und dem daraus resultierenden Fremdenhass – getrieben.

Nur in ‚Wem Ehre gebührt', in der die kulturelle Identität ebenfalls eine tragende Rolle der Differenzkonstruktionen spielt, wird die Repräsentation der türkischen Familie von den gängigen Stereotypen befreit und das Mordmotiv ist losgelöst von Fragen nach kulturellen Identitäten angesiedelt. Es ist auch anzumerken, dass die Wahl der Religionszugehörigkeit der deutsch-türkischen Familie seinen Teil zu der recht klischeefreien Darstellung beiträgt.

Es hat sich gezeigt, dass das Andere in den untersuchten Tatortfolgen verschiedene Gesichter hat und teilweise mit klischeehaften Vorstellungen brechen kann, andere wiederum – gewollt oder ungewollt – bestätigt. Es sind die Frauen, an denen oft das Andere konstruiert wird, jedoch nicht immer im Zusammenhang mit dem Geschlecht.

Es lässt sich zusammenfassend festhalten, dass in zwei von den drei untersuchten Folgen die türkischen Familien stereotyp dargestellt werden, nur eine Folge schafft den Sprung weg von diesen.
Die Folgen bieten somit eine Lesart an, die teilweise befreit ist von der Konstruktion der türkischen Kultur als das Andere. Jedoch sind die Repräsentationen dieser Kultur in Stellvertretung von Familiendarstellungen bis zum Schluss hin klischeehaft und von Stereotypen durchzogen. Es wird zwar der Versuch unternommen, den RezipientInnen die eigenen vermeintlich stereotypen Sichtweisen und Ansichten vorzuführen, doch die Widerlegung dieser scheitert. Nur in einer Folge (‚Wem Ehre gebührt') gelingt die fast klischeefreie Darstellung der deutsch-türkischen Familie. Wo in den anderen beiden Folgen Ansätze wie ‚Unterdrückung der Frau'. ‚Zwangsheirat' und ‚patriarchale Strukturen' wiederzufinden sind, bleiben diese in ‚Wem Ehre gebührt' unangetastet. Zwar werden anfänglich noch klischeehafte Vorstellungen über die Familie durch die Kommissarin wiedergegeben, doch werden diese im Verlauf der Folge widerlegt.
In den untersuchten Folgen werden realitätsnahe Konflikte behandelt, jedoch ist in zwei von drei Folgen der Ansatz gescheitert, hier einen produktiven Beitrag für das Zusammenleben mit dem Anderen zu leisten. Es wäre wünschenswert, wenn die Krimireihe ‚Tatort' ihr Potenzial besser nutzen würde, um eine differenziertere Repräsentation des Anderen zu ermöglichen.

Auch wenn es sich beim Anderen sicherlich um ein ambivalentes Thema handelt, das uns einerseits fasziniert, wir uns andererseits aber vor ihm fürchten, lässt sich nicht die Frage generell beantworten, wann wir das Andere wollen und wann es uns stört.

9. Schlussbetrachtung

Zu Beginn der Untersuchung stand die Frage nach der Konstruktion und Repräsentation des Anderen.
Mit der ausgewählten Rahmengebung durch die Cultural Studies und durch die hier gewählte methodische Vorgehensweise, welche sich an Mikos anlehnt[239], konnten vielschichtige Ergebnisse ermittelt werden.
Die ausgewählten theoretischen Konzepte und Ansätze waren hierfür eine große Hilfestellung. Es hat sich gezeigt, dass das Andere in den untersuchten Folgen der Krimireihe mehr ist, als die bloße Erfüllung von Klischees und Wiedergabe von Stereotypen.
Wie schon in Kapitel 3 diskutiert wurde, ist das Andere für Identitätskonstruktionen unumgänglich. Das Andere ist auch immer in Kohärenz zu Abgrenzung zu sehen:

> „Der Blick auf die Erde vom Weltall, macht einem erst einmal klar, dass wir *alle* ein Teil dieser Welt sind und die Grenzen, die auf unseren Landkarten eingezeichnet sind, nur in unserem Kopf ent- und bestehen."[240]

Durch das Ziehen dieser Grenzen kann nur ein Land hervorgehen, wenn es in Abgrenzung zu einem anderen Land steht. So ist auch besser zu verstehen, dass kulturelle Werte nur in Abgrenzung zu anderen kulturellen Werten existieren können. In diesen dadurch entstehenden Differenzen ergeben sich jeweils auch Machtbeziehungen, mit einem dominanten Pol.

Es kommt eben darauf an, sich dieser Unterschiede, wie sie auch in den untersuchten Tatortfolgen mehrfach dekonstruiert werden konnten, bewusst zu werden.
Da es für die Konstitution von Identität immer ein Anderes braucht, ist die Differenz und Abgrenzung nicht vollständig zu beseitigen, doch scheinbar Selbstverständliches muss „entselbstverständlicht"[241] werden um festgefahrene Strukturen zu lösen und neue Richtungen einschlagen zu können.
Denn in den untersuchten Tatortfolgen wurden ethnisch konnotierte Gruppen – entgegen Vorurteilen – als inhomogen repräsentiert. Sie haben verschiedenste Facetten und Charakteristika, wodurch auch innerhalb der Gruppen und Gemeinschaften das Andere konstruiert wird.

---

239 Vgl. Kapitel 1.4 und 6.2.

240 Ulrich Walter, Astronaut und Physiker, bei einem Gespräch mit Harald Lesch in der Fernsehsendung: ‚Lange Nacht mit Harald Lesch' vom 20.07.2009, ausgestrahlt im ZDF.

241 Morley, 1999, S112.

Es konnten Figuren identifiziert werden, die sich zwischen den kulturellen Lagern befinden und sich gleichermaßen diversen Elementen verschiedener Kulturen zugehörig fühlen. In die Realität übertragen bedeutet dies, dass solche Identitäten erkannt und anerkannt werden müssen um das binäre Denken zu durchbrechen und um ein Zusammenleben verschiedener Kulturen zu ermöglichen.
Veränderungen der gesellschaftlichen Strukturen bringen die Notwendigkeit mit sich, ein Miteinander zu ermöglichen.

Statt Kultur als „Festung“[242] zu begreifen, die es vor Eindringlingen zu verteidigen gilt, ist doch ein offeneres Verständnis von kultureller Identität weiterführend. Bei der Annahme, dass kulturelle Identität prozesshaften Charakter hat, nicht festgelegt ist und nicht ‚ist‘, sondern sich im ständigen ‚Werden‘ befindet und aus Differenzen und Diskontinuitäten besteht, muss das Andere nicht zwangsläufig als ‚außen‘ definiert werden. Es ergibt sich dann die Möglichkeit, das Andere mit oder gerade wegen dieser Differenzen als Teil dieser kulturellen Identität zu verstehen und aufzunehmen.

[242] Kretzschmar, 2002, S.76.

10. Literatur

Althusser, Louis (1977): Ideologie und ideologische Staatsapparate. Aufsätze zur marxistischen Theorie. Hamburg: VSA (Positionen, 3).

Ayaß, Ruth; Bergmann, Jörg (Hg.) (2006): ualitative Methoden der Medienforschung. Reinbeck bei Hamburg: Rowohlt Taschenbuch Verlag (Rowohlts Enzyklopädie).

Barthes, Roland (1984): Das Rauschen der Sprache. Frankfurt am Main: Suhrkamp Verlag.

Bauer, Ludwig (1992): Authentizität, Mimesis, Fiktion: Fernsehunterhaltung und Integration von Realität am Beispiel des Kriminalsujets. München: diskurs film.

Barkhaus, Anette (2006): ‚Rasse'- Zur Genese eines spezifisch neuzeitlichen Ordnungsbegriffs . In: Bay, Hansjörg; Merten, Kai (Hrsg.): Die Ordnung der Kulturen: Zur Konstruktion ethnischer, nationaler und zivilisatorischer Differenzen 1750 – 1850. Würzburg: Königshausen & Neumann, S.33-52.

Bauman, Zygmunt (1999): Unbehagen in der Postmoderne. Hamburg: Hamburger Edition.

Bauman, Zygmunt (2002): Der Pilger und seine Nachfolger: Spaziergänger, Vagabunden und Touristen. In: Merz-Benz, Peter-Ulrich; Wagner, Gerhard (Hg.): Der Fremde als sozialer Typus. Klassische soziologische Texte zu einem aktuellen Phänomen. Konstanz: UVK-Verlag.-Ges., S.163-186.

Bollhöfer, Björn (2007): Geographien des Fernsehens: Der Kölner Tatort als mediale Verortung kultureller Prakitken. Bielefeld: transcript.

Bonfadelli, Heinz; Moser, Heinz (Hrsg.) (2007): Medien und Migration. Europa als multikultureller Raum? Wiesbaden: Vs Verlag.

Bromley, Roger; Göttlich, Udo; Winter, Carsten (Hg.) (1999): Cultural Studies. Grundlagentexte zur Einführung. 1. Aufl. Lüneburg: zu Klampen Verlag.

Brück, Ingrid ;Guder, Andrea; Viehoff Reinold; Wehn Karin (Hg.) (2003): Der deutsche Fernsehkrimi. Eine Programm- und Produktionsgeschichte von den Anfängen bis heute. Stuttgart/Weimar: Metzler-Verlag.

Buchholz, Olga (2006): Gesellschaftskritik in der Fernsehserie „Tatort" zwischen 1970 und 2000. Anhand ausgewählter Beispiele. München, Ravensburg: GRIN Verlag.

Busch, Brigitta (Hg.) (2001): Bewegte Identitäten. Medien in transkulturellen Kontexten. Klagenfurt: Drava-Verl.

Casale, Rita; Rendtorff, Barbara (Hg.) (2008): Was kommt nach der Genderforschung. Zur Zukunft der feministischen Theoriebildung. Bielefeld: transcript (Gender Studies).

De Beauvoir, Simone (1951): Das andere Geschlecht. Sitte und Sextus der Frau. Hamburg: Rowohlt-Verlag.

Dietze, Gabriele (2008): Intersektionalität und Hegemonie(selbst)kritik. In: Gippert, Wolfgang; Götte, Petra; Kleinau, Elke (Hrsg.): Transkulturalität. Gender- und bildungshistorische Perspektiven. Bielefeld: Transcript-Verl. (Kultur und soziale Praxis), S.27-44.

Do Mar Casteo Varela, Maria (2005): Postkoloniale Theorie. Eine kritische Einführung. Bielefeld: transcript

Dören, Martina (2007): Gender, Diversity und Intersektionalität als Herausforderung für die Medizin. In: Krell, Gertraude et al. (Hrsg.): Diversity Studies. Grundlagen und disziplinäre Ansätze. Frankfurt am Main, New York: Campus Verlag ,S.109-122.

Dörner, Andreas (2001): Politainment. Politik in der medialen Erlebnisgesellschaft. Frankfurt am Main: Suhrkamp.

Du Gay, Paul (2003): Doing cultural studies. The story of the Sony Walkman. Reprinted. London: SAGE (Culture, media and identities).

Fiske, John (1987): Television Culture. London, New York: Methuen.

Göttlich, Udo (2001): Die Werkzeugkiste der Cultural Studies. Perspektiven, Anschlüsse und Interventionen. Bielefeld: transcript.

Grossberg, Lawrence (1999): Was sind Cultural Studies. In: Hörning, Karl; Winter, Rainer (Hg.): Widerspenstige Kulturen. Cultural Studies als Herausforderung. Frankfurt: Suhrkamp Verlag, S. 43–84.

Guder, Andrea (2003): Genosse Hauptmann auf Verbrecherjagd. Der Krimi in Film und Fernsehen der DDR. Bonn:ARcult.

Hall, Stuart (1994a): Kulturelle Identität und Diaspora. In: Rassismus und kulturelle Identität. Ausgewählte Schriften 2. Hamburg: Argument, S. 26–43.

Hall, Stuart (1994b): Die Frage der kulturellen Identität. In: Rassismus und kulturelle Identität. Ausgewählte Schriften 2. Hamburg: Argument, S. 180–201.

Hall, Stuart (1994c): Der Westen und der Rest: Diskurs und Macht. In: Rassismus und kulturelle Identität. Ausgewählte Schriften 2. Hamburg: Argument, S. 137–179.

Hall, Stuart (1994d): Alte und neue Identitäten, alte und neue Ethnizitäten. In: Rassismus und kulturelle Identität. Ausgewählte Schriften 2. Hamburg: Argument, S. 66–88.

Hall, Stuart (1999): Kodieren/Dekodieren. In: Bromley, Roger; Göttlich, Udo; Winter, Carsten (Hg.): Cultural Studies. Grundlagentexte zur Einführung. 1. Aufl. Lüneburg: zu Klampen Verlag, S. 92–110.

Hall, Stuart (2004): Das Spektakel des ‚Anderen'. In: Koivisto, Juha; Merkens, Andreas (Hg.): Ideologie, Identität, Repräsentation. Ausgewählte Schriften 4. Hamburg: Argument, S. 108–166.

Hepp, Andreas; Winter, Carsten (2003): Cultural Studies als Projekt. Kontroversen und Diskussionsfelder. In: Hepp, Andreas; Winter, Carsten (Hg.): Die Cultural Studies Kontroverse. Lüneburg: zu Klampen Verlag, S. 9–32.

Hepp, Andreas; Winter, Carsten (Hg.) (2003): Die Cultural Studies Kontroverse. Lüneburg: zu Klampen Verlag.

Hepp, Andreas; Winter, Rainer (Hg.) (1997): Kultur-Medien-Macht. Cultural Studies und Medienanalyse. Opladen: Westdeutscher Verlag.

Hepp, Andreas; Winter, Rainer (2006): Cultural Studies in der Gegenwart. In: Hepp, Andreas; Winter, Rainer (Hg.): Kultur-Medien-Macht. Cultural Studies und Medienanalyse. 3. Aufl. Wiesbaden: VS Verlag für Sozialwissenschaften/GW Fachverlage GmbH, S. 9–20.

Hepp, Andreas; Winter, Rainer (Hg.) (2006): Kultur-Medien-Macht. Cultural Studies und Medienanalyse. 3. Aufl. Wiesbaden: VS Verlag für Sozialwissenschaften/GW Fachverlage GmbH.

Hipfl, Brigitte (2004): Mediale Identitätsräume. Skizzen zu einem >spatial turn< in der Medien- und Kommunikationswissenschaft. In: Identitätsräume : Nation, Körper und Geschlecht in den Medien. eine Topografie. Bielefeld: Transcript-Verl. (Cultural Studies), S. 16–50.

Hipfl, Brigitte; Klaus, Elisabeth; Scheer, Uta (Hg.) (2004): Identitätsräume : Nation, Körper und Geschlecht in den Medien. eine Topografie. Bielefeld: Transcript-Verl. (Cultural Studies).

Hipfl, Brigitte (2008): Gender und Medien. In: Sander, Uwe; von Gross, Frederike; Hugger, Kai-Uwe (Hg): Handbuch Medienpädagogik. Wiesbaden: VS Verlag für Sozialwissenschaften/GW Fachverlage GmbH, S.473-478.

Hörning, Karl; Winter, Rainer (Hg.) (1999): Widerspenstige Kulturen. Cultural Studies als Herausforderung. Frankfurt: Suhrkamp Verlag.

Jäger, Ludwig (Hrsg.) (2003): Wissenschaft der Sprache. Neue Texte aus dem Nachlass. Frankfurt am Main: Suhrkamp.

Johler, Reinhard; Thiel, Ansgar; Schmid, Josef, et al. (Hg.) (2007): Europa und seine Fremden. Die Gestaltung kultureller Vielfalt als Herausforderung. Bielefeld: transcript (Kultur und soziale Praxis).

Johnson, Richard (1999): Was sind eigentlich Cultural Studies. In: Bromley, Roger; Göttlich, Udo; Winter, Carsten (Hg.): Cultural Studies. Grundlagentexte zur Einführung. 1. Aufl. Lüneburg: zu Klampen Verlag, S. 139–188.

Jürgmeier; Hürlimann, Helen (2001): «Tatort», Fussball und andere GendereienMaterialien zur Einübung des Genderblicks. Hochschule Luzern –Soziale Arbeit: Verlag interact, Pädagogische Hochschule Zürich: Verlag Pestalozzianum.

Kersten, Joachim (2009): Aufklärung am Sonntagabend: Der ARD Tatort. In: Linssen, Ruth; Pfeiffer, Hartmut (Hrsg.) Polizei - Außendarstellung in Öffentlichkeit und Medien. Frankfrut am Main: Verlag für Polizeiwissenschaft, S. 135-145.

Klaus, Elisabeth (2005): Kommunikationswissenschaftliche Geschlechter-forschung. Zur Bedeutung der Frauen in den Massenmedien und im Journalismus. Münster u.a.: Lit-Verlag.

Kleinsteuber, Hans (1992): Stereotype, Images und Vorurteile. Bilder und Feindbilder in den Köpfen der Menschen. In: Wissenschaft und Fortschritt, Jg. 42m Nr.2, 1992, S.50-53.

Klimke, Daniela (Hg.) (2008): Exklusion in der Marktgesellschaft. 1. Aufl. Wiesbaden: VS Verl. für Sozialwiss.

Knapp, Gudrun-Axeli (2008): "Intersectionality"- ein neues Paradigma der Geschlechterforschung. In: Casale, Rita; Rendtorff, Barbara (Hg.): Was kommt nach der Genderforschung. Zur Zukunft der feministischen Theoriebildung. Bielefeld: transcript (Gender Studies), S. 33–54.

Koivisto, Juha; Merkens, Andreas (Hg.) (2004): Ideologie, Identität, Repräsentation. Ausgewählte Schriften 4. Hamburg: Argument.

Kretzschmar, Sonja (2002): Fremde Kulturen im europäischen Fernsehen. Zur Thematik der fremden Kulturen in den Fernsehprogrammen von Deutschland, Frankreich und Großbritannien. Opladen: Westdeutscher Verlag.

Lacey, Nick (1998): Image and representation: key concepts in media studies. Basingstoke u.a.: Macmillan.

Lindner, Joachim (2004): Polizei und Strafverfolgung in deutschen Kriminalromanen der dreißiger und vierziger Jahre. In: Walter, Michael; Kania, Harald; Allbrecht, Hans Jörg (Hg): Alltagsvorstellungen und Kriminalität. Individuelle und gesellschaftliche Bedeutung von Kriminalitätsbildern für die Lebensgestaltung. Münster: Lit-Verlag. S.87-116.

McGuigan, Jim (1997): Cultural Methodologies. London, New Dehli: SagePublications.

Merz-Benz, Peter-Ulrich; Wagner, Gerhard (Hg.) (2002): Der Fremde als sozialer Typus. Klassische soziologische Texte zu einem aktuellen Phänomen. Konstanz: UVK-Verlag.-Ges.

Merz-Benz, Peter-Ulrich; Wagner, Gerhard (2002): Der Fremde als sozialer Typus. Zur Rekonstruktion eines soziologischen Diskurses. In: Merz-Benz, Peter-Ulrich; Wagner, Gerhard (Hg.): Der Fremde als sozialer Typus. Klassische soziologische Texte zu einem aktuellen Phänomen. Konstanz: UVK-Verlag.-Ges., S. 9–38.

Mikos, Lothar (2001): Cultural Studies, Medienanalyse und Rezeptionsästhetik. In: Göttlich, Udo (2001): Die Werkzeugkiste der Cultural Studies. Perspektiven, Anschlüsse und Interventionen. Bielefeld: transcript, S.323-342.

Mikos, Lothar (2008): Film- und Fernsehanalyse. 2. Aufl. Konstanz: UVK Verlag.

Morley, David (1999): Bemerkungen zur Ethnographie des Fernsehpublikums. In: Bromley, Roger; Göttlich, Udo; Winter, Carsten (Hg.): Cultural Studies. Grundlagentexte zur Einführung. 1. Aufl. Lüneburg: zu Klampen Verlag, S. 281–316.

Morley, David (2001): Nicht "zu Hause" in der Mediennation. In: Busch, Brigitta (Hg.): Bewegte Identitäten. Medien in transkulturellen Kontexten. Klagenfurt: Drava-Verl., S. 21–46.

Nusser, Peter (2003): Der Kriminalroman. 3.Aufl. Stuttgart, Weimar: Metzler-Verlag.

Ortner, Christina (2007): Migranten im tatort. Das Thema Einwanderung im beliebtesten deutschen TV-Krimi. Marburg: Tectum Verlag.

Pundt, Christian (2002): Mord beim NDR. Tatort mit Manfred Krug und Charles Brauer. Münster: Lit-Verlag.

Scherschel, Karin (2008): Die Macht der Verknüpfung - Konstruktionen des ethnisch Anderen. In: Klimke, Daniela (Hg.): Exklusion in der Marktgesellschaft. 1. Aufl. Wiesbaden: VS Verl. für Sozialwiss, S. 191–201.

Sökefeld, Martin (2007): Zum Paradigma kultureller Differenz. In: Johler, Reinhard; Thiel, Ansgar; Schmid, Josef; Treptow, Rainer (Hg.): Europa und seine Fremden. Die Gestaltung kultureller Vielfalt als Herausforderung. Bielefeld: transcript (Kultur und soziale Praxis), S. 41–57.

Sökefeld, Martin: (2008): Einleitung: Aleviten in Deutschland- von takiye zur alevitischen Bewegung. In: Sökefeld, Martin (Hg.): Aleviten in Deutschland. Identitätsprozesse einer Religionsgemeinschaft in der Diaspora. Bielefeld: transcript Verlag, S.7-36.

Thomas, Tanja (2003): Deutsch-Stunden. Zur Konstruktion nationaler Identität im Fernsehtalk. Frankfurt am Main, New York: Campus Verlag.

Treutler, Michael (2001): Annäherung durch Wandel. Der deutsch-deutsche-Konflikt in 30 Jahren Tatort. Forschungsarbeit Bauhaus Universität Weimar, Fakultät Medien.

Welke, Tina (2005): Die Tatortfolge Quartett in Leipzig als gesamtdeutscher Tatort. Analyse einer inszenierten deutsch-deutschen Annäherung. Radolfzell: Verlag für Gesprächsforschung.

Wenzel, Eike (2000): Ermittlungen in Sachen Tatort. Recherchen und Verhöre, Protokolle und Beweisfotos. Berlin: Bertz + Fischer.

Winter, Rainer (1997): Cultural Studies als kritische Medienanalyse: Vom "encoding/decoding"-Modell zur Diskursanalyse. In: Hepp, Andreas; Winter, Rainer (Hg.): Kultur-Medien-Macht. Cultural Studies und Medienanalyse. Opladen: Westdeutscher Verlag, S. 47–63.

Winter, Rainer (2006): Cultural Studies. In: Ayaß, Ruth; Bergmann, Jörg (Hg.): Qualitative Methoden der Medienforschung. Reinbeck bei Hamburg: Rowohlt Taschenbuch Verlag (Rowohlts Enzyklopädie), S. 423–434.

Winter, Rainer (Hg.) (2007): Die Perspektiven der Cultural Studies. Der Lawrence-Grossberg-Reader. Köln: Herbert von Halem Verlag.

Winter, Rainer; Mikos, Lothar (Hg.) (2001): Die Fabrikation des Populären. Der John-Fiske-Reader. Bielefeld: transcript Verlag (Cultural Studies).

Zubayr, Camille; Geese, Stefan (2005): Krimis im deutschen Fernsehen. Angebot, Nutzung und Bewertung von Kriminalfilmen und -serien. In: Media Perspektiven, Jg. 2005, S. 512–520.

Zubayr, Camille; Gerhard, Heinz (2009): Fernsehgewohnheiten und Fernsehreichweiten im Jahr 2008. Tendenzen im Zuschauerverhalten. In: Media Perspektiven, Jg. 2009, Ausgabe 3, S. 98–112.

Zwaenepoel, Tom (2004): Dem guten Wahrheitsfinder auf der Spur. Das populäre Krimigenre in der Literatur und im ZDF-Fernsehen. Univ., Diss.--Gent, 2003. Würzburg: Königshausen & Neumann (Film - Medium - Diskurs, 7).

Internetquellen:

Kraus, Wolfgang (1999): Identität als Narration: Die narrative Konstruktion von Identitätsprojekten:
http://web.fu-berlin.de/postmoderne-psych/berichte3/kraus.htm, 07.05.2009.

Statistik: Internetnutzer weltweit, Dezember 2008:
http://de.statista.com/statistik/daten/studie/3327/umfrage/internetnutzer-weltweit-im-dezember-2008/, 05.06.2009.

Terkessidis, Mark (2007): Ausländische Namen machen verdächtig. Im Tatort ist das Regionale immer noch gut deutsch. Und wenig authentisch.:
http://www.koeln-im-film.de/fileadmin/media/pdf/Schaukasten/die_heimatfluesterer.pdf., 03.06.2009.

Wehn, Karin (1998): Deutsche Krimitraditionen im Überblick:
Der deutsche Fernsehkrimi im dualen Rundfunksystem:
http://download.philfak2.uni-halle.de/download/medienkomm/halma/halma9.pdf, 23.07.2009.

"Wer oft Tatort guckt, wird ein guter Deutscher" (2009). In: Berliner Morgenpost, 3.5.2009. Online verfügbar unter: http://www.morgenpost.de/printarchiv/kultur/article1084678/Wer_oft_Tatort_guckt_wird_ein_guter_Deutscher.html, 09.05.2009.

http://www.ard.de/intern/-/id=1886/1vivtml/index.html, 29.07.2009.

http://www.tatort-fundus.de, 28.07.2009.

http://tatort-fans.de ,28.07.2009.

Interview mit Maccarone, NDR-Pressemappe, http://www.tatort-fundus.de/web/folgen/chrono/4/2007/684-wem-ehre-gebuehrt/interview-maccarone.html, 01.08.2009.

11. Anhang

Url: http://www.focus.de/kultur/kino_tv/focus-fernsehclub/tatort-familienaufstellung-der-teufel-traegt-kopftuch_aid_367917.html

09.02.2009, 06:10 Drucken

„Tatort: Familienaufstellung"

Der Teufel trägt Kopftuch

Die Türkin trägt gerne auch Prada – und trotzdem schwer an der Ehre. Der „Tatort" zeigt Gleichberechtigung. Und dass das Böse weiblich ist.

Von FOCUS-Redakteurin Carin Pawlak

Hat Philipp Lewald seine Ehefrau getötet? Radio Bremen

Schon wieder, könnte man sagen. Und das zu Recht. Schon wieder ein „Tatort", der dritte in wenigen Monaten, der sich in der türkischen Parallelgesellschaft aufhält. Mit all den bekannten Problemen um wenig Integrationswillen und viel Fundamentalismus. Längst wissen wir, dass die Frage nach der Ehre in islamischen Kreisen manchmal mit einem so genannten Ehrenmord beantwortet wird. Meist ist der Täter ein Familienmitglied, und oft hat die Frau einfach den falschen Mann gewählt, also nicht den, der ihr zugedacht war. Aber was gehen einen diese Zwangsheiraten an, die wirre Traditionalisten und Gloria von Thurn und Taxis (ein sehr spezieller Fall von geistigem Extremismus) für schützenswert halten?

„Leck mich": Sie sprechen perfektes Deutsch

Wir schauen hinein in eine edle Nische der Parallelgesellschaft. Die Familie Korkmaz ist angekommen in Deutschland, zumindest, was den Kontostand angeht. Große Firma, große Villa. Alle im Korkmaz-Clan sprechen perfektes Deutsch, zahlen kräftig Steuern in Deutschland und leisten sich den besten Anwalt, den es für Geld in Deutschland zu kaufen gibt. Gleich mehrere Mitglieder der Familie muss der Advokat vertreten in dieser Geschichte, in der, natürlich, die Ehre eine große Rolle spielt. Die Familien-Ehre hat Tochter Rojin längst angekratzt. Erst heiratete sie einen Deutschen, dann will sie sich scheiden lassen. „Leck mich", sagt sie, als ihr Bruder sie wieder einmal zurechtweisen will. Sie sagt es nicht auf Türkisch. Dann liegt Rojin tot in ihrer Wohnung. Suizid fällt schnell aus, und mögliche Täter gibt es zuhauf.

„Du machst es besser als deine Schwester", sagt die Mutter zur jüngeren Tochter Arzu. Und es klingt nicht wie ein Wunsch, eher wie eine Drohung. Die Hochzeit der 19-Jährigen darf nicht gefährdet werden, der Tod Rojins kommt ungelegen. Sie hat einst den Verwandten abgewiesen, jetzt muss die jüngere Tochter die Schande mit der Heirat tilgen. Dass hier eine Tragödie antiken Ausmaßes folgen wird, ist schnell klar. Schön ist, wie viele Volten das Drehbuch macht. Wie viele falsche Fährten es legt. Und wie es uns Zuschauer überführt, gedanklich jedem nahe liegenden Klischee hinterher zu traben.

Tiefschwäbisch, tiefanatolisch

Zwei Post-Feministinnen haben sich gefunden für dieses Drehbuch eines Bremer „Tatorts". Und eine schöne deutsch-türkische Integration bewiesen. Thea Dorn, Schriftstellerin, und Seyran Ates, Autorin und Anwältin, zeigen in ihrem Oberschichten-Krimi, wie gleichberechtigt die Türkinnen das Böse beherrschen. Lassen eine türkischstämmige Rechtsanwältin auftreten, „die deutscher sein will als die Deutschen". Und Böses bringt in die Familie, die einen tiefschwäbischen Porsche fährt und tiefanatolische Traditionen lebt.

Blut ist dicker als Ketchup

Die Bremer Kommissare Lürsen (Sabine Postel) und Stedefreund (Oliver Mommsen) stochern im Geschehen. Und versuchen Ordnung zu schaffen mit einer Familienaufstellung, einer so beliebten wie umstrittenen Therapieform, die sie in der Kantine mit Pommes versuchen. Aber Blut ist dicker als Ketchup. Und selten hat man hilflosere Polizisten gesehen. Stedefreund, der sich im Türkisch für Anfänger versucht. Lürsen, die laut Stedefreund gedanklich beim „feministischen Stammtisch der NPD" festhockt.

Zum Flicken zum Frauenarzt

Frauen bleiben die Schande. Sie verletzen die Ehre. Und quälen jene, die die Ehre verletzt haben. Während die Männer in tumber Vorhersehbarkeit vorgehen – Messer, Drohung – stechen die Frauen mit psychischer Gewalt zu. Mutter Korkmaz ist so ein Teufel, der abwechselnd Prada und Kopftuch trägt, und lieber zwei Töchter verliert als ihr eisiges Gesicht gegenüber den Verwandten. Kurz vor der Schlusskatastrophe fährt sie ihre Tochter zum Frauenarzt, auf dass er ihr Jungfernhäutchen flicken möge. Frauensache, sagt der jüngste Bruder. Vater Korkmaz wird es nicht erfahren. Erol Sander, normalerweise Gesichtsvermieter für Film-Schmonzes, spielt ihn unter Regisseur Mark Schlichter erstaunlich vielschichtig.

Folter? Nur im Kosmetikstudio beim Beinhaare-Wachsen. Ehrenmord? Fällt aus. Die zwangszuverheiratende Tochter ist eine Opfer-Frau, die wegen der verlorenen Ehre zur Doppeltäterin wird. Eine Ehrentöterin? Kein Happy End fürs Vorurteil.

Foto: Radio Bremen

Url: http://www.focus.de/kultur/kino_tv/focus-fernsehclub/tatort-baum-der-erloesung-die-doener-saga_aid_359238.html

05.01.2009, 06:00 Drucken

„Tatort: Baum der Erlösung"

Die Döner-Saga

Kampf der Kültüren vor Alpenpanorama: Tiroler und Türken liefern sich einen mörderischen Glaubens- und Gebirgskrieg.

Von FOCUS-Redakteur Gregor Dolak

rbb/ORF/Cult-Film/Bernhard Berger
Kommissar Moritz Eisner (Harald Krassnitzer, r.) im Einsatz

Wer als Deutscher in den Spiegel von Felix Mitterers österreichischen Fernsehfilmen schaut, erblickt das Zerrbild unserer eigenen Macken und Abgründe. Vor fast 20 Jahren schrieb der Tiroler die legendäre Satireserie „Piefke Saga". Darin gerät eine deutsche Urlauberfamilie in eine absurde Verschwörung des alpinen Fremdenverkehrsterroristen (und Ex-Kottan-Polizeipräsidenten) Kurt Weinzierl, der Tirols Berge an die japanische Müllmafia verhökert. Nur eine Freischärlergruppe um Tobias Moretti wehrt sich mit Waffengewalt gegen das Horrorregime. Die Ferienpiefkes geraten zwischen die Fronten – und fungieren doch nur als Statisten in einem inneraustrischen Glaubenskrieg.

Einen solchen hat Mitterer nun auch in ein „Tatort"-Drehbuch verwandelt, nämlich den realen „Minarettstreit von Telfs" von 2005: Der Bürgermeister der Gemeinde lieferte sich vor drei Jahren wegen des Baus eines Moscheeturms mit einem FPÖ-Politiker einen regelrechten Kulturkampf, der ihm sogar Morddrohungen einbrachte. In ein solches Szenario setzt nun Mitterer, selbst Sohn einer Tiroler Landarbeiterin und eines Gastarbeiters, den aktuellen ORF-Krimi mit Ösi-Ermittler Harald Krassnitzer. Im Grabenkrieg zwischen einem türkischen Gemeindevorstand in Telfs und einem einheimischen Fanatiker wird ein österreichisch-türkisches Pärchen ermordet.

Action unterm Kruzifix

Zunächst sieht alles nach Ehrenmord durch die Brüder der Muslima aus. Das wenig überraschende Ende, an dem der Sohn des ortsansässigen Eiferers als Täter enttarnt wird, mag einer politischen Korrektheit geschuldet sein, die sonst Mitterers Sache nicht ist. Aber die tiefenwirksamen Treffer, die der Film setzt, beziehen ihre Wirkung aus seinem satirischen Killerinstinkt, seiner profunden Kenntnis des österreichischen Menschen. Der Blick auf die Ausländerfeindlichkeit der Bergler ist am fiesen Pinselstrich von Karikaturisten wie Haderer oder Deix geschult, folgt der brutalen Kameralogik von Hardcore-Filmrealisten wie Ulrich Seidl („Hundstage").

Maliziös rückt während einer Verfolgungsjagd ein Martherl-Kreuz am Wegensrand ins Bild, während der katholische Hilfskommissar vom flüchtigen Türken abgehängt wird. Oh, Jesus! Krassnitzers Vorgesetztem in Wien legt der Drehbuchautor augenzwinkernd die explosivstmögliche Gemengelage für einen Lokalsskandal in den Mund: „Journalisten, Politiker, Türken, Tiroler!" Schlimmer geht´s nimmer. Die Figuren sind im Schlaglicht der TV-Strahler flackernde, hyperreale Prototypen ihrer selbst.

Den Anti-Held des alpinen Mini-Dschihad gibt Martin Leutgeb, un-heimlicher Star vom Staatsschauspiel Stuttgart. Mit verzerrtem Grimm um den muffigen Kantschädel verkörpert er die Starrköpfigkeit des alteingesessenen Fremdenhassers, dessen Fanatismus den mörderischen Wahn seines Sprößlings vorbereitet. Nur die leutselige Wandlung zum Mitbeter in der Moschee nach der Aufklärung der Katastrophe mag man dem personifizierten Bösen am Ende nicht recht abkaufen.

Der Blick auf eine solche österreichische Geschichte erlaubt deutschen

Zuschauern den Luxus der Distanz, durch die vieles klarer zu sehen ist. Ausländerhass der Einheimischen einerseits, radikale Abschottung der Zuwanderer andererseits dürften dies- wie jenseits der Alpen beunruihigende Phänomene sein. Doch wenn sie nicht am eigenen Beispiel vorgeführt werden, ist man nicht so empfindlich mit der (Selbst-)Erkenntnis.

Foto: rbb/ORF/Cult-Film/Bernhard Berger

WELT ONLINE

URL: http://www.welt.de/politik/article1504214/Aleviten_sehen_Tatort_als_Werbung_fuer_Orthodoxe.html

ISLAM

Aleviten sehen Tatort als Werbung für Orthodoxe

VON SIBYLLE AHLERS

30. Dezember 2007, 11:09 Uhr

Der Streit um den Tatort-Krimi „Wem Ehre gebührt" eskaliert zu einem Kampf der Glaubensrichtungen. Die Aleviten werfen den Filmemachern vor, uralte Vorurteile wieder aufleben zu lassen. Der Tatort betreibe faktisch Schleichwerbung für einen orthodoxen Islam auf Kosten säkularer und liberaler Religionsgemeinschaften.

Die Schauspieler Maria Furtwängler (l.) als Charlotte Lindholm und Aylin Tezel als Selda Oezkan in einer Szene der NDR-"Tatort"-Folge "Wem Ehre gebuehrt". Die Sendung führte zu großer Aufregung bei den Aleviten... Foto: DDP

Mehr als 10.000 Aleviten aus Deutschland und zahlreichen Nachbarländern haben in Köln gegen den „Tatort"-Krimi „Wem Ehre gebührt" demonstriert. Eine Woche nach Ausstrahlung des Films, in dem es um den fiktiven Inzestfall in einer alevitischen Familie geht, füllten die Demonstranten den ganzen Roncalliplatz neben dem Kölner Dom. Die Polizei wollte zunächst keine Teilnehmerzahlen nennen. Die Veranstalter sprachen von bis zu 30.000.

Die Alevitische Gemeinde Deutschland (AABF) hatte im Vorfeld angekündigt, mit allen friedlichen Mitteln gegen die Verleumdung und Verunglimpfung der Glaubensgemeinschaft zu protestieren. In dem Film „Wem Ehre gebührt" vom 23. Dezember ging es um einen Inzest-Fall in einer alevitischen Familie. Darin wird die Schwester einer Schwangeren umgebracht, weil sie zur Aufklärung des Falls beitragen will. Die Aleviten werfen den Filmemachern vor, uralte Vorurteile wieder aufleben zu lassen und sogar zu bestätigen. Schon seit Jahrhunderten kämpfen die Aleviten gegen Vorurteile aus der islamischen Welt, sie würden Inzest betreiben. Ein Ursprung dieser bösen Verleumdungen ist, dass Männer und Frauen gemeinsam den Gottesdienst feiern.

Derweil fordert der Generalsekretär der Alevitischen Gemeinde in Deutschland, Ali Ertan Toprak, weitere Aufklärung über das Zustandekommen des Drehbuchs von Regisseurin Angelina Maccarone. „Wir möchten von der Regisseurin erfahren, ob islamische Organisationenn oder sunitische Moslems zu den Recherchearbeiten hinzugezogen worden sind oder ob diese eine sonstige Rolle bei der Entstehung oder der Finanzierung dieser Folge gespielt haben."

Bundesaußenminister Frank-Walter Steinmeier hat alle Beteiligten zur Mäßigung aufgerufen. „Drehbuchautoren und Künstler müssen wissen: Gegenüber religiösen Gefühlen der Menschen, egal um welchen Glauben es sich handelt, sind Respekt, Umsicht und behutsamkeit geboten", sagte der stellvertretende SPD-Vorsitzende der „Bild am Sonntag". Aber der am 23. Dezember ausgestrahlte Krimi habe sich nicht allgemein mit den Aleviten beschäftigt, sondern mit einem Einzelfall. „Er darf kein Anlass für einen religiösen Kulturkampf sein", sagte Steinmeier.

SCHLEICHWERBUNG FÜR EINEN ORTHODOXEN ISLAM

Mit Sorge beobachtet die Alevitische Gemeinde eine grundsätzliche Bestrebung nach einer schleichenden Islamisierung Deutschlands durch islamische Organisationenn, die vom Ausland gelenkt werden, heißt es in einer Pressemitteilung der Aleviten. In der umstrittenen Tatort-Folge wird nach Meinung Topraks der Schleier als Rettungsanker einer unterdrückten und sexuell ausgebeuteten jungen Frau verherrlicht. Der Tatort betreibe somit faktisch Schleichwerbung für einen orthodoxen Islam auf Kosten säkularer und liberaler Religionsgemeinschaften. „Der Schleier ist ein Symbol für die Unterdrückung und Bevormundung der Frau. Es ist ein politisches Symbol, welches wir Aleviten gänzlich ablehnen", schreibt Ali Ertan Toprak. „Dass gerade der Schleier als Rettung für eine junge und weltoffenen Frau dargestellt wird, trifft den Nerv der Aleviten."

Auch die Türkisch-Islamische Union Ditib hatte die ARD-Verantwortlichen aufgefordert, sich bei den Aleviten und der „gesamten muslimischen Gemeinschaft" zu entschuldigen. Diese Einmischung werten die Aleviten wiederum als anmaßend und heuchlerisch. Toprak weist in seinem Schreiben daraufhin, dass die Ditib und ihre Mutterorganisation Diyanit - welche direkt dem türkischen Ministerpräsidenten unterstellt ist- sich bis heute weigern, die Aleviten und Christen in der Türkei als eigenständige Religionsgemeinschaften anzuerkennen. „Wer bereits heute Druck auf die Aleviten ausübt, damit diese nach den Regeln des orthodoxen Islams leben, wird morgen vor anderen Religionsgemeinschaften keinen halt machen", warnt Ali Ertan Toprak eindringlich. Seiner Meinung nach ist „die Abschaffung der türkischen Religionsbehörde Diyanet" eine Grundvoraussetzung für eine mögliche EU-Vollmitgliedschaft der Türkei.

Die Alevitische Gemeinde Deutschlands versteht sich als eine eigenständige deutsche Religionsgemeinschaft mit ca. 800.000 Gläubigen. Nach dem Streit um den Tatort „Wem Ehre gebührt" fordert sie jetzt einen Sitz in den Beiräten der öffentlich-rechtlichen TV-Sender. „Mit einem Sitz in Beiräten der öffentlich-rechtlichen Fernsehsender können in Zukunft einer Wiederholung solcher Missverständnisse vorgebeugt werden", so Toprak.

mit AP/dpa

"Inzest-Tatort": Opfer einer Propagandalüge

02.01.2008 | 18:18 | ANNE-CATHERINE SIMON (Die Presse)

Die Aufregung um eine „Tatort"-Folge über einen Inzestfall in einer alevitischen Familie ist fast verebbt. Was bleibt? Vorurteile, explosiver Stoff für künftige Konflikte – und gähnendes Unwissen der Bevölkerung.

Sie essen Schweinefleisch, trinken Alkohol, fasten nicht zu Ramadan und die Frauen tragen kein Kopftuch: Mit dem Bild, das der durchschnittliche Europäer von einem durchschnittlichen Muslim hat, haben die Aleviten sehr wenig zu tun. Ihre Glaubensvorstellungen unterscheiden sich von denen der Mehrheit der Muslime so stark, dass es kaum alevitische Eltern in Deutschland und Österreich gibt, die ihre Kinder in den islamischen Religionsunterricht schicken.

Dabei sind sie zahlreich: In Österreich sind es 60.000, und ebenso wie in Deutschland stellen sie auch hierzulande ein Drittel aller türkischen Muslime. Wäre aber einer italienischen Drehbuchautorin nicht eingefallen, eine „Tatort"-Serie über einen Inzest in einer alevitischen Familie zu schreiben, dann hätte die Öffentlichkeit die gar nicht glückliche Situation der Aleviten in Deutschland und Österreich wohl noch lange ignoriert. Und das, obwohl diese Menschen dem Westen als liberale „Vorzeige-Muslime" hochwillkommen sein müssten.

Als ungläubig und unzüchtig diffamiert

Einen traurigen Anlass hatte das bisher stärkste öffentliche Lebenszeichen dieser Glaubensgemeinschaft: Bis zu 20.000 Aleviten demonstrierten vergangenen Sonntag vor dem Kölner Dom aus Protest gegen jene „Tatort"-Folge, die ARD und ORF einen Tag vor Weihnachten ausgestrahlt hatten; außerdem hat die alevitische Gemeinde Deutschland bei der Staatsanwaltschaft in Berlin Klage wegen Volksverhetzung eingereicht. Der Grund: In der Folge „Wem Ehre gebührt" sucht Kommissarin Charlotte Lindholm nach der Ursache für den Tod einer jungen Deutschtürkin – und kommt einem Inzestfall auf die Spur.

Der Überempfindlichkeit kann die Demonstrierenden nur zeihen, wer ihre Geschichte nicht kennt. Die meisten kommen aus der Türkei, Jahrhunderte lang wurden die Aleviten im Osmanischen Reich von der sunnitischen Mehrheit unterdrückt, als unwürdige Muslime und Ungläubige verachtet und in Massakern getötet.

Der Inzestvorwurf zählte dabei seit dem 16. Jahrhundert zu den wichtigsten Propagandalügen. Er gründet auf nichts anderem als der Tatsache, dass im alevitischen Glauben Männer und Frauen einander gleichgestellt sind und daher auch gemeinsam im Gottesdienst beten.

Es sei nur ein unglücklicher Zufall, verteidigt sich die Drehbuchautorin Angelina Maccarone, die die „Tatort"-Folge geschrieben und inszeniert hat. Sie habe hart recherchiert, um ein differenziertes Bild einer muslimischen Familie zu zeichnen, dieses Detail aus der „Geschichte des Osmanischen Reiches" sei ihr aber entgangen. Wäre es wirklich ein verjährtes Detail, könnte man den Vorfall wieder vergessen. Aber mit diesem tief verwurzelten Vorurteil werden Aleviten in der Türkei, wo sie je nach Schätzung ein Viertel oder Fünftel der Gesamtbevölkerung ausmachen, bis heute vereinzelt konfrontiert. Und in Deutschland und Österreich ebenfalls. Etwa bei Streitereien zwischen sunnitischen und alevitischen Familien, erzählt Deniz Karabulut, der stellvertrende Vorsitzende der alevitischen Gemeinde Österreich, der „Presse".

Wählte Autorin falsche Berater?

Ein Blick ins Internet zeigt auch: Es ist schier unmöglich, sich über Aleviten zu informieren, ohne auf diesen Vorwurf zu stoßen. Auch der Umstand, dass sich in der Fernsehsendung außerdem die schwangere Schwester der Toten (die schließlich ermordet wird, als sie bei der Aufklärung des Verbrechens helfen will) offenbar einer strengeren Form des Islam zuwendet – sie flüchtet sich zumindest vor dem Vater unter das bei den Aleviten unübliche Kopftuch – deutet darauf hin, dass sich die Erfinderin dieses Kriminalfalls wohl bei der Wahl ihrer Berater vergriffen und selbst Opfer einer sunnitischen Propagandalüge geworden ist.

Aber da der Kölner Dom nicht angezündet wurde und sich die erste Aufregung gelegt hat, könnte man da nicht wieder zur Tagesordnung übergehen? Die alevitische Gemeinde plant laut Deniz Karabulut nur ein Gespräch mit ORF-Chef Alexander Wrabetz (sobald er aus dem Winterurlaub zurück sei) sowie einen Beschwerdebrief an den Publikumsrat. Und wie geht es in Deutschland weiter? Für Anfang nächster Woche sei ein Gespräch mit NDR, der die „Tatort"-Folge produziert hat, anberaumt, sagt Ismail Kaplan, der Bildungsbeauftragte der alevitischen Gemeinde in Deutschland, im Gespräch mit der „Presse". „Wenn sich der Sender offiziell entschuldigt, werden wir die Klage zurückziehen. Man hat dort bereits Verständnis gezeigt, ich glaube also, dass es auf partnerschaftlichem Weg gehen wird."

„Vorurteile bis heute nicht aufgearbeitet"

Was bleibt also? Stoff für künftige Konflikte – und gähnendes Unwissen in der breiten Öffentlichkeit. „Die Vorurteile sind in der sunnitischen Bevölkerung immer noch verwurzelt und wurden bisher nicht aufgearbeitet", sagt Ismail Kaplan. „Solange nicht öffentlich Aufklärung betrieben wird, bleibt der Vorwurf haften. Und die Spannungen zwischen Sunniten und Aleviten sind immer noch sehr stark ausgeprägt, auch wenn es zu Freundschaften kommt oder sich Jugendliche ineinander verlieben." Außerdem würden viele alevitische Kinder und Jugendliche aus Angst vor Diskriminierung ihren Glauben geheim halten, sagt Kaplan. Ähnliches bestätigt auch Karabulut: „Man scheut sich, direkt zu sagen, dass man Alevit ist, weil man dann vielleicht von den übrigen Muslimen schief angesehen wird."

Vor allem aber bleibt, dass Aleviten in Deutschland, insbesondere aber in Österreich immer noch keinen eigenen Religionsunterricht haben. Weil ihre liberalen Auffassungen so unvereinbar sind mit dem, was im islamischen Religionsunterricht gelehrt wird, sieht man alevitische Kinder eher noch in katholischen und evangelischen Religionsstunden als in islamischen. „Viele islamische Religionslehrer in Österreich haben sich in den letzten Jahren deswegen bei uns beschwert und Druck ausgeübt", erzählt Karabulut.

Ringen um eigenen Religionsunterricht

„Evangelische und katholische Kinder werden getrennt unterrichtet, dabei sind die Unterschiede zwischen diesen Konfessionen viel kleiner als zwischen Aleviten und Sunniten", betont Kaplan. Aber in Deutschland bessere sich die Situation mittlerweile: „Wir fangen 2009 in vier Bundesländern mit einem eigenen Religionsunterricht an." Und in Österreich? „Es hat schon einmal zehn Jahre gebraucht, bis wir überhaupt einen gewissen Status erhalten haben, heute werden wir immerhin immer wieder bei offiziellen Veranstaltungen eingeladen", erzählt Karabulut. „Im Frühjahr werden wir zwei Anträge stellen, einen auf staatliche Anerkennung als Religionsgemeinschaft, und einen zweiten auf Zulassung eines alevitischen Religionsunterrichts. Wir sind zuversichtlich und hoffen, dass wir in zwei Jahren in gewissen Städten und Schulen mit einem Pilot-Unterricht beginnen können."

Aber warum ging das nicht schon viel früher? „Anfangs wussten die Behörden überhaupt nicht, wer die Aleviten sind. Die in Österreich Lebenden kommen fast alle aus der Türkei, also wandten sich die Behörden an das türkische Religionsamt. In der Türkei sind die Aleviten aber als Religionsgemeinschaft nicht anerkannt." Wo Religionsgemeinschaften niedergeschwiegen werden, wird eben auch Unwissenheit zu einem Mittel der Diskriminierung. In der Türkei war dieses Mittel lange Zeit erfolgreich; aber, das zeigt der Vorfall rund um den jüngsten „Tatort" – nicht nur in der Türkei.

("Die Presse", Print-Ausgabe, 03.01.2008)

SPIEGEL ONLINE
27. Dezember 2007, 17:40 Uhr

ARD-Büro Berlin

Aleviten demonstrieren gegen "Inzest"-Tatort

Von Severin Weiland

Sie fürchten alte Vorurteile: Die Ausstrahlung einer "Tatort"-Folge, die einen Inzest-Fall in einer alevitischen Familie thematisiert, empört Mitglieder der Glaubensgemeinschaft. Über tausend Menschen versammelten sich vor dem ARD-Hauptstadtbüro.

Berlin - Die 28-Jährige Cigdem Ipek hat den "Tatort" nicht gesehen. Aber "zig Artikel" habe sie darüber gelesen. Und das, was sie dort erfahren habe, sei Grund genug, vor der ARD-Zentrale zu demonstrieren. "Es mag ja sein, dass Deutsche keine Vorurteile gegen uns haben. Aber solch ein Film kann in der türkischen Community die Gegensätze zwischen Aleviten und Sunniten verstärken", befürchtet sie.

DPA

Alevitischer Protest vor der Berliner ARD-Zentrale: "Die Würde des Menschen ist unantastbar"

Über Tausend Aleviten haben sich am Donnerstagnachmittag vor dem ARD-Haupstatdtbüro in Berlin versammelt. Sechs Polizeiwannen sind vorgefahren, vor dem Eingang und seitlich des Gebäudes stehen Beamte. Die Menge ist anfangs still, ein gutes Dutzend hält Pappkartons in die Höhe, auf dem der Artikel 1 des Grundgesetzes zitiert wird: "Die Würde des Menschen ist unantastbar".

Die Demonstranten empören sich über den von der ARD am 23. Dezember ausgestrahlten Film "Wem Ehre gebührt". Darin geht es, wie in jedem ordentlichen Krimi, um einen Mord, diesmal auch um einen vorangegangenen Inzest.

Der Fall spielt in einer alevitischen Familie - und besitzt deswegen eine kulturell-politische Dimension, die sich die Filmemacher selbst wohl so nicht vorgestellt haben. Denn die Aleviten, eine liberale religiöse Minderheit in der Türkei, haben in der muslimischen Welt mit dem jahrhundertealten Vorurteil zu kämpfen, sie übten Inzest aus, weil sie in ihren Gemeinden religiöse Rituale gemeinsam mit Frauen und Kindern ausführten. Und was in Krimis vor einem kulturellen deutschen Hintergrund vielleicht nur noch ein müdes Achselzucken erntet, löst hier Emotionen aus. Dabei geht es den Demonstranten nicht so sehr um die deutsche Gesellschaft, sondern um die Folgen, die ein in Deutschland hergestellter Krimi unter den Türken in Deutschland auslösen kann - denn diese sind mehrheitlich sunnitisch.

Die Sozialwissenschaftlerin Ipek steht in der hereinbrechenden Dämmerung am Reichstagsufer in Berlin-Mitte und sagt, sie finde es empörend, dass die Filmemacher auf entsprechende Bedenken der alevitischen Gemeinde nicht eingegangen seien. "Wie kann es sein, dass der Film ausgerechnet am 23. Dezember ausgestrahlt wurde", fragt sich Ipek. Und nicht nur sie.

Auch andere weisen auf diesen Umstand hin. Denn an diesem Tag fanden in der türkischen Provinzstadt Marasch 1978 Pogrome statt. Hunderte von Menschen seien damals grausam niedergemetzelt worden, "unter anderem wegen dem Inzestvorwurf", heißt es in einem Flugblatt des "Kulturzentrums Anatolischer Vereine", die den Protest an diesem Tag angemeldet hat.

"Sehen wir alle behindert aus oder was? Schauen Sie sich diese friedlichen Menschen an", sagt Deniz Han. Die 32-Jährige Politologin und Psychologin spielt auf den Umstand an, dass Kinder aus Inzest-Beziehungen mit erblichen Schäden zur Welt kommen. "Seit 500 Jahren müssen wir uns in der Türkei mit dem Vorurteil auseinandersetzen, dass wir Aleviten Inzest betreiben. Dass wir quasi bescheuert sind. Und jetzt kommt die ARD und macht da einen Film", sagt Han. Umstehende Frauen geben ihr Recht.

Vorsitzender der Türkischen Gemeinde ist solidarisch

Bei aller Aufregung geht es trotzdem recht entspannt zu vor der Berliner Dependance der ARD. Die an Demonstrationen gewöhnte Polizei verhandelt mit den Vertretern des "Kulturzentrums Anatolischer Aleviten" über die Modalitäten des Protestes. Die Gruppe der Wartenden wird immer größer. Es sei eine "Eilversammlung", sagt Rechtsanwalt Hakki Celik. Er selbst hat, wie viele hier, nur Ausschnitte des Films gesehen. Aber das, was er gesehen habe, "ist schon ein starkes Stück". Er könne die Empörung verstehen. "Das hat sich herumgesprochen in der Gemeinde wie ein Lauffeuer", sagt er. Noch während er mit den Polizisten redet, kommen weitere Gruppen die Wilhelmstraße herunter, manchmal auch ganze Familien, um sich den Wartenden hinzu zu gesellen.

Auf einigen Schultern sind Kleinkinder zu sehen. Die Organisatoren des Protestes haben Ordner mitgebracht, auf einem weißen Mietwagen trägt ein junger Mann zwei Lautsprecherboxen, zwei weitere stehen auf der Straße. Tuncay Yilmaz von der "Anatolischen Föderation" wird von Fotografen umringt. Er trägt ein Schild, auf dem in türkisch steht: "Die ARD soll sich bei den Aleviten entschuldigen."

In der Nähe des Lautsprecherwagens steht auch Kenan Kolat. Er ist Bundesvorsitzender der Türkischen Gemeinde in Deutschland. Und er ist Sunnit. "Ich kann die Bestürzung sehr gut nachvollziehen", sagt er. Er sei hierher gekommen, um sich solidarisch zu zeigen. Natürlich sei er für die Freiheit der Kunst. "Aber ich wünschte mir manchmal mehr Empathie in den Medien, bei den Künstlern für das, was sie tun". Den Filmemachern des "Tatort" hält Kolat vor, sie seien "entweder naiv oder sie haben es vorsätzlich getan". Und dann weist er mit einem Kopfnicken auf die Menschenmenge und sagt: "Gerade die Aleviten sind diejenigen, die sich stark für die Integration einsetzen, für die Gleichberechtigung von Mann und Frau." Mit Filmen wie dem "Tatort" in der ARD "besteht die Gefahr, dass wir diesen sehr wichtigen Teil der Bevölkerung beim Kampf für die Integration zu verlieren drohen".

URL:

http://www.spiegel.de/kultur/gesellschaft/0,1518,525505,00.html

ZUM THEMA AUF SPIEGEL ONLINE:

"Tatort"-Eklat: Regisseurin verteidigt Inzest-Krimi (27.12.2007)
http://www.spiegel.de/kultur/gesellschaft/0,1518,525405,00.html
Tatort: Aleviten stellen Strafanzeige wegen Volksverhetzung (24.12.2007)
http://www.spiegel.de/kultur/gesellschaft/0,1518,525223,00.html
TV-Quotenfrau: Furtwängler, die Furie (19.12.2007)
http://www.spiegel.de/panorama/leute/0,1518,524424,00.html

SPIEGEL ONLINE

27. Dezember 2007, 09:48 Uhr

"Tatort"-Eklat

Regisseurin verteidigt Inzest-Krimi

Eine tote Deutschtürkin und Inzest in einer alevitischen Familie spielen die Hauptrollen in einer "Tatort"-Folge. Der Dachverband der Aleviten reagierte umgehend - und erstattete Strafanzeige wegen Volksverhetzung. Jetzt rechtfertigt sich Regisseurin Angelina Maccarone.

Köln/Hamburg - Regisseurin und Drehbuchautorin Angelina Maccarone hat ihre ARD-"Tatort"-Folge "Wem Ehre gebührt" gegen Kritik der Alevitischen Gemeinde Deutschland verteidigt. Wer ihre anderen Filme kenne, wisse, dass ihr daran gelegen sei, ein differenziertes Bild von Minderheiten zu zeichnen, sagte Maccarone am Donnerstag im Deutschlandfunk. Die Proteste hätten sie "kalt erwischt". Es sei ihr völlig fern gelegen, eine Minderheit wie die Aleviten in Aufruhr zu versetzen. Sie habe in dem Film aufzeigen wollen, dass es nicht eine homogene Gruppe von türkischen Migranten gebe, sondern diese sehr differenziert sei.

NDR

Szene aus "Wem Ehre gebührt" mit Maria Furtwängler: Scharfe Proteste

In dem NDR-Krimi mit Maria Furtwängler in der Rolle der Kommissarin Charlotte Lindholm ging es um Inzest und einen Mord innerhalb einer alevitischen Familie. Der Film hatte scharfe Proteste der Alevitischen Gemeinde Deutschland ausgelöst. Die Aleviten sind eine Religionsgemeinschaft, die vor allem in der Türkei, aber auch in Syrien, im Irak, in Albanien und im Libanon beheimatet ist und zumindest zum Teil im Islam wurzelt - selbst wenn sich viele Aleviten nicht als Muslime begreifen.

Nach Ansicht einiger Vertreter der Gemeinschaft bestätige der Inhalt des "Tatorts" eine alte Unterstellung seitens der sunnitischen Muslime, die Aleviten betrieben in ihren Gemeinden Inzest, indem sie religiöse Rituale gemeinsam mit Frauen und Kindern exerzierten. Die Vorwürfe stammten aus der osmanischen Zeit und hätten die Unterdrückung des Alevitentums zum Ziel gehabt.

Maccarone sagte, dieser historische Inzest-Vorwurf sei ihr neu gewesen. Sie habe im Vorfeld sehr ausführlich recherchiert. "Ich bin nicht auf dieses Vorurteil gestoßen und habe das dann für mich benutzt", fügte sie hinzu. Der Inzest in der "Tatort"-Folge sei zudem in keinster Weise durch die alevitische Religion motiviert und gerechtfertigt. Sie habe extra nach einem Fall gesucht, der in jeder Familie vorkommen könnte und nicht erneut einen Fall von "Ehrenmord" erzählen wollen, der Vorurteile zementiert hätte.

Die Regisseurin betonte zugleich: "Ich breche mir auch keinen Zacken aus der Krone, wenn ich sage, es tut mir wahnsinnig leid." Dennoch finde sie auch die Reaktionen sehr erstaunlich, fügte sie hinzu. Ihren Angaben zufolge wird es Anfang Januar ein Gespräch mit Vertretern der Aleviten geben.

tdo/ddp

URL:

http://www.spiegel.de/kultur/gesellschaft/0,1518,525405,00.html

ZUM THEMA AUF SPIEGEL ONLINE:

Tatort: Aleviten stellen Strafanzeige wegen Volksverhetzung (24.12.2007)
http://www.spiegel.de/kultur/gesellschaft/0,1518,525223,00.html
TV-Quotenfrau: Furtwängler, die Furie (19.12.2007)
http://www.spiegel.de/panorama/leute/0,1518,524424,00.html

WELT ONLINE

URL: http://www.welt.de/welt_print/article1512431/Tatort_Streit_Autoren_fordern_Freiheit_der_Kunst.html

"Tatort"-Streit: Autoren fordern Freiheit der Kunst

3. Januar 2008, 04:00 Uhr

Die Hamburger Autorenvereinigung (AV) setzt sich im Streit um die "Tatort" -Folge "Wem Ehre gebührt" für die Freiheit der Kunst ein. In einem Brief an den ARD-Vorsitzenden Fritz Raff verlangt sie, die Angriffe auf Programmdirektion und Drehbuchautorin zurückzuweisen und sich hinter die Verantwortlichen zu stellen.

In den vergangenen Tagen hatten mehrere Tausend Aleviten gegen den Krimi demonstriert und eine Entschuldigung gefordert, weil sie sich dadurch pauschal verunglimpft sehen. In der am 23. Dezember ausgestrahlten Folge wird eine Mordserie auf den Inzest in einer alevitischen Familie zurückgeführt.

"Jede fiktive Handlung muss die Rollen in einen gesellschaftlichen Zusammenhang stellen, der vorstellbar ist in einer Welt, in der wir leben", schreibt die AV in dem Brief. "Wo kämen Autoren hin, wenn eine gesellschaftliche Gruppe sich kollektiv verletzt fühlte, falls die Handlung ein Mitglied der Gruppe zeigt?" Hinter der Empörung der Aleviten verstecke sich die Forderung nach Zensur. "Unser Kunstbegriff umfasst die Möglichkeit, Gutes und Schlechtes zu gestalten." Der Hamburger AV gehören unter anderen Siegfried Lenz, Günter Kunert und Arno Surminski an. *sim*

Frankfurter Allgemeine
FAZ.NET

Barbara Frischmuth im Gespräch

Die Aleviten sind sehr enttäuscht

Demonstration in Köln: Mehrere Zehntausend Aleviten protestieren gegen den "Tatort"

04. Januar 2008 Die Alevitische Gemeinde sieht sich von einer „Tatort"-Folge verunglimpft. Barbara Frischmuth hat sich in ihren Romanen mit alevitischen Lebensformen befasst. Im F.A.Z.-Interview spricht die österreichische Autorin über eine faszinierende Kultur, schnelle Vorurteile und überzogene Reaktionen.

Frau Frischmuth, die Alevitische Gemeinde Deutschland wirft dem NDR vor, der Tatort „Wem Ehre gebührt" leiste dem Vorurteil Vorschub, dass Aleviten eine unislamische, laxe Sexualmoral hätten und Inzest betrieben. Sie selbst haben verschiedene Romane veröffentlicht, die im alevitischen Milieu spielen. Sind Sie bei Ihren Recherchen auf diese Vorurteile gestoßen?

Ja, natürlich. Seitdem die Aleviten im fünfzehnten und sechzehnten Jahrhundert das erste Mal als Religionsgemeinschaft in Erscheinung traten, wirft man ihnen vor, die Gesetze von Anstand und Moral nicht zu respektieren. Jeder, der über die Aleviten recherchiert, kann das nachlesen.

Findet die alevitische Kultur sympathisch: Barbara Frischmuth

Worin begründen sich die Vorurteile?

Die Aleviten folgten bei ihren Feiern präislamischen Riten, wie sie bei den Nomaden üblich waren. Das heißt, Männer und Frauen feierten gemeinsam und tranken Alkohol. Die Sunniten warfen den Aleviten deshalb vor, regelrechte Orgien zu feiern.

In der orientalischen Gesellschaft war es ungewöhnlich, Frauen nicht auszuschließen.

Zum Thema

- Tausende protestieren in Köln gegen „Tatort"
- „Tatort"-Regisseurin Maccarone im Interview
- Proteste gegen „Tatort": Ein deutscher Karikaturenstreit?

Natürlich, aber man kann die Freiheiten der alevitischen Frau nicht mit der Freizügigkeit vergleichen, die Frauen damals in westlichen Gesellschaften genossen. Anders als bei den Sunniten hatte die religiöse Gleichberechtigung der Frau immer eine sehr hohe Bedeutung bei den Aleviten. Alevitische Männer wurden immer erst dann zu den religiösen Riten zugelassen, wenn sie verheiratet waren - auch darin drückt sich die Hochachtung gegenüber der Frau aus. Wenn ein Fremder in der anatolischen Abgeschiedenheit um Einlass bat, dann durfte ihn die Frau sogar alleine empfangen. Bis heute gibt es kein Verschleierungsgebot für die Frau und keine Vielehen.

Wurden die Aleviten wegen ihrer angeblich laxen Sexualmoral verfolgt?

Im Osmanischen Reich galten sie als vogelfrei und zogen sich deshalb fast ganz in die Abgeschiedenheit Anatoliens zurück. Die Gerüchte über ihre Sexualmoral waren jedoch nicht der einzige Grund für die Unterdrückung. Man warf ihnen vor, nicht die fünf Säulen des Islams zu respektieren: Aleviten pilgern nicht nach Mekka. Sie sagen: „Wenn man die Kaba nicht im eigenen Herzen findet, dann findet man sie nirgendwo." Sie beten nicht fünfmal am Tag und besuchen keine Moschee, sondern treffen sich in sogenannten Cem-Häusern. Aleviten fasten nicht im Monat Ramadan, dafür jedoch zu anderen Zeiten. Auch das islamische Recht, die Scharia, erkennen sie nicht an. Insgesamt sind die Aleviten in ihrem Glauben stärker pietistisch-pantheistisch orientiert als die Sunniten. Das heißt, sie legen mehr Wert auf innere Frömmigkeit als auf öffentliche Bekenntnisse zum Glauben. Aleviten betonen die gleichberechtigte Existenz aller Religionen.

Übertreibt es die Deutsche Alevitische Gemeinde nicht ein wenig mit ihrer Reaktion auf den Film?

Grundsätzlich finde ich solche Reaktionsweisen immer überzogen. Doch offenbar haben die Aleviten das Gefühl, dass der Film alte Vorurteile wiederbeleben könnte, deshalb kann ich ihre Reaktion verstehen. Ich denke, mit dem Protest wollen die Aleviten auch zeigen, dass sie demokratische Mittel nutzen, um ihre Rechte einzufordern. Für viele Aleviten mag jetzt der Moment gekommen sein, sich als Religionsgemeinschaft zu präsentieren. Sie zeigen Vorurteile auf, die in der Türkei noch immer sehr lebendig sind.

Wie ist ihre Situation dort heute?

"Tatort" des Anstoßes: Die Folge "Wem Ehre gebührt" mit Maria Furtwängler und Aylin Tezel

Sehr ambivalent. Auf der einen Seite interessieren sich vor allem türkische Intellektuelle immer mehr für die alevitische Kultur. Denn das alevitische Religionsmodell ist ein nichtwestliches und hat sich gleichzeitig als viel kompatibler für die Moderne gezeigt als das der Sunniten. Viele Türken entdecken plötzlich ihre alevitischen Wurzeln. Auf der anderen Seite gibt es immer wieder Konflikte mit orthodoxen Muslimen. Die Aleviten sind sehr enttäuscht worden in der Türkei. Man hatte versprochen, sie als Religionsgemeinschaft anzuerkennen. Doch das ist bis heute nicht der Fall. Ihr großer Kummer ist, dass ihre Kinder den normalen muslimischen Schulunterricht besuchen müssen, obwohl sie von den Sunniten als Ketzer behandelt werden und sich die religiösen Inhalte einfach nicht decken.

In vier deutschen Bundesländern wird dagegen im nächsten Schuljahr der alevitische Religionsunterricht eingeführt.

Wahrscheinlich sind die Aleviten auch deshalb so über den Film enttäuscht. Ihre Proteste haben sicherlich auch damit zu tun, dass viele Aleviten ihren Glauben gerade neu entdecken. Die Aleviten mussten ihren Glauben wegen der Unterdrückung in der Türkei lange als Geheimlehre betreiben. Es galt sogar als Verrat an der Gemeinschaft, mit Fremden über Glaubensinhalte zu sprechen.

Ihr erster Roman, in dem es um Aleviten geht, „Das Verschwinden des Schattens in der Sonne", erschien 1973. Wie haben Sie recherchiert, wenn die Aleviten damals im Verborgenen lebten?

Ich hatte in den sechziger Jahren ein Dissertationsprojekt, das sich mit einem islamischen Derwisch-Orden, den Bektaschies, beschäftigte. Hadschi Bektas Veli wird als Gründer der religiösen Gemeinschaft der Aleviten verehrt. Ich verbrachte neun Monate an der Universität von Erzerum, einer Stadt im Osten der Türkei. Damals sagten dort viele, es gebe gar keine Aleviten. Tatsächlich gelang es mir nicht, Kontakt zu Aleviten aufzunehmen. Die Doktorarbeit habe ich nie geschrieben, stattdessen verwendete ich mein gesammeltes Material für meinen Roman. In den achtziger Jahren hat mich dann ein junger Alevit kontaktiert, der das Buch gelesen hatte. So lernte ich die Alevitische Gemeinde in Wien kennen und habe später dort für meinen Roman „Die Schrift des Freundes", in dem eine der Hauptfiguren ebenfalls ein türkischer Alevit ist, recherchiert.

Was fasziniert Sie an der alevitischen Kultur?

Dass in Anatolien eine Kultur existiert hat, die viel aufgeschlossener war als die Gesellschaft in den großen Städten.

Worauf kommt es Ihnen an, wenn Sie Aleviten in Ihren Büchern beschreiben?

Bei mir steht immer der Mensch im Vordergrund. Bei den Aleviten ist das ganz genauso. Im Gegensatz zu den Sunniten verstehen sie den Menschen nicht als Sklaven Gottes, sondern als ein eigenverantwortliches Geschöpf, in dem sich Gott jederzeit manifestieren kann. Die Aleviten kommen mit wenig Dogmatismus aus; sie sind flexibel bei der Gestaltung ihrer Religion. Das finde ich sympathisch. Denn natürlich ist es unmöglich, die Religion in der Diaspora so zu leben, wie die Aleviten es in Anatolien taten.

Ein weiterer Einwand gegen den „Tatort" bezieht sich darauf, dass eine junge Alevitin sich für das Kopftuch entscheidet, um sich vor sexueller Ausbeutung zu schützen. Das sei „Schleichwerbung für den Islam im Sinne der orthodoxen Muslime", meint die Alevitische Gemeinde. Ist es überhaupt denkbar, dass sich in der aufgeschlossenen alevitischen Kultur ein Mädchen verschleiert?

Das sind Dinge, die passieren. Bei einer fiktiven Geschichte muss man natürlich vorsichtig mit den Motiven sein, die man als ausschlaggebend dafür nennt. In meinem Roman „Der Sommer, in dem Anna verschwunden war" entscheidet sich ebenfalls ein alevitisches Mädchen dafür, das Kopftuch zu tragen. Aber sie macht das nicht, weil sie dem orthodoxen Islam anhängt, sondern um gegen ihren sehr weichherzigen Vater zu rebellieren.

Trägt der Streit um den „Tatort" nicht dazu bei, dass das Thema Sexualität und Gewalt gegen Frauen in türkischen Familien weiter tabuisiert wird?

Das denke ich nicht. Mich stört die Tendenz, dass Themen wie Gewalt und sexueller Missbrauch immer stärker nationalisiert werden. Das sind Dinge, die in allen Gesellschaften vorkommen. Warum musste es ausgerechnet eine alevitische Familie sein, in der der Vater die Tochter vergewaltigt? Im Fernsehen war bisher nie die Rede von Aleviten. Nun auf einmal doch und ausgerechnet mit solch einem Vorwurf. Man muss vorsichtig sein, wenn man dieses Thema auf eine Familie projiziert, die einer Minderheit angehört. Es wird schnell verallgemeinert.

Das Gespräch führte Karen Krüger.

Text: F.A.Z., 04.01.2008, Nr. 3 / Seite 40
Bildmaterial: AP, dpa, Residenz Verlag

28.12.2007

Schlecht recherchiert

Die sonntägliche Krimireihe "Tatort" ist ein Zugpferd im Programm des ARD-Fernsehens. Doch die Resonanz auf den Krimi vom 23.12. überstieg alle Erwartungen.

Vor dem Hauptstadtstudio des öffentlich-rechtlichen Senderverbundes versammelten sich Hunderte Menschen: allerdings nicht vor Begeisterung über die, zugegebenermaßen, guten darstellerischen Leistungen. Ganz im Gegenteil: empörte Angehörige der Glaubensgemeinschaft der Aleviten fanden den Krimi "Wem Ehre gebührt " voll daneben, oder anders ausgedrückt: diffamierend.

Er rankt sich um einen Inzest in einer alevitischen Familie. Die jüngere Tochter wird schwanger vom eigenen Vater, flüchtet zum strengen Islam und in die Verschleierung. Die ältere Tochter wird vom Vater umgebracht, weil sie zur Aufklärung beitragen will.

Ein heikles Thema, künstlerisch durchaus anspruchsvoll in Szene gesetzt. Dass der Fall ausgerechnet und ausdrücklich im Umfeld der hierzulande eher unbekannten Glaubensgemeinschaft der Aleviten angesiedelt wurde, dürfte vielleicht den einen oder anderen deutschen Zuschauer verwundert haben.

Unter den vielen in Deutschland lebenden Türken und Türkischstämmigen mag dies anders gewesen sein. Aleviten und Inzest, das ist für Türken kein zufälliges Zusammentreffen. In der Türkei kennt man den Begriff Kizilbas, der sich auf die einstige rote Kopfbedeckung der Aleviten bezieht. Er soll in älteren türkischen Wörterbüchern gleichbedeutend für jemanden stehen, der Blutschande begeht. Der Vorwurf, bei den Aleviten werde gewohnheitsmäßig Inzest getrieben, gehört dort offenbar zum Standartrepertoire aller, die diese recht liberale schiitische Glaubensgemeinschaft verunglimpfen wollen.

Das alles haben wir als normale Krimi-Konsumenten in den letzten Tagen, dank der empörten Reaktionen der Betroffenen, lernen können oder müssen.

Die Drehbuchautorin ist bei ihren Recherchen vor dem Film nach eigener Aussage auf diesen Zusammenhang nicht gestoßen. Dabei müsste doch gute Recherche nicht nur für Kriminalisten sondern auch für Krimiautoren eigentlich Pflicht sein.

Bernd Gräßler, Berlin

DW-WORLD.DE | Drucken

WELT ONLINE

URL: http://www.welt.de/fernsehen/article3159722/Der-Ehrenmord-liegt-in-der-Luft.html

Bilder ein-/ausblenden Artikel drucken

NEUER TATORT

Der Ehrenmord liegt in der Luft

VON ANDREA SEIBEL 7. Februar 2009, 13:18 Uhr

Die Autorin Thea Dorn und die Anwältin Seyran Ates haben das Drehbuch zu einem Tatort geschrieben, der sich mit den Schwierigkeiten einer türkischen Familie mit Tradition und Moderne beschäftigt. Besonders die Tochter hat damit zu kämpfen. Ein Gespräch über deutsch-türkische Klischees.

Tatort "Familienaufstellung": Hat Dr. Philipp Lewald seine Ehefrau aus Rache getötet? Für die Kommissare würde es jedenfalls Vieles einfacher machen. Foto: RB TV/Pressestelle

WELT ONLINE: Was hat Sie besonders gereizt, ein Drehbuch für den Tatort zu schreiben?

Seyran Ates: Ich bin Tatort-Fan und habe oft gedacht: Irgendwann würde ich gerne einen Tatort über das „türkische" Milieu schreiben.

Thea Dorn: Und ich hatte ja bereits 2003 meinen ersten Tatort für Radio Bremen geschrieben, „Der schwarze Troll", ein ziemlich düsteres Buch, in dem es um das „Münchhausen-Stellvertreter-Syndrom" geht, also um eine Mutter, die ihre Kinder krank macht und tötet. Der Sender wollte mich gern wieder engagieren, aber erst als Seyran anfing, mir in den Ohren zu liegen, gab ich mir den entscheidenden Ruck. Und natürlich musste auch die Zeit reif sein. Vor 9/11 hätte sich kein Sender an einen Film herangetraut, der sich mit Gewalt in der türkisch-muslimischen Community beschäftigt. Allenfalls bei Filmen, die im italienischen Milieu spielen, durfte ein TV-Kommissar den Verdacht äußern, dass der „Ausländer" nicht nur das Opfer von Gewalt, sondern auch ihr Urheber sein könnte.

WELT ONLINE: Der Tatort zeigt eben nicht Gelingen, sondern Scheitern, weswegen Minderheiten, etwa die Roma, äußerst empfindlich auf Darstellungen reagieren, weil die Gefahr der Stigmatisierung droht.

Dorn: Wir halten ja auch nicht alle Gärtner für Mörder, nur weil sie uns in zig Krimis als solche gezeigt wurden.

WELT ONLINE: Ehrenmord liegt in der Luft. Die im Film gezeigte Familie ist wohlhabend, schön anzusehen, spricht perfekt Deutsch. Und doch strotzt sie vor Gewalt und Unfreiheit. Wollen Sie uns auch noch den letzten Hoffnungsschimmer rauben?

Ates: Im Gegenteil. Ich will zeigen, dass man mehr benötigt als Geld und Bildung.

FOTO: M. LENGEMANN

Drehbuchschreiberin Thea Dorn

Dorn: Mich interessiert die Kollision zwischen der westlich-urbanen und der muslimisch-traditionellen Welt – und zwar in der Familie selbst. Deshalb haben wir eine Familie gewählt, die bereits ein großes Stück in Richtung Moderne gegangen ist. Am krassesten zeigt sich die Zerrissenheit bei den vier Kindern. Sie sind in Deutschland angekommen – und gleichzeitig spüren sie eine Fremdheit. Auf der anderen Seite fühlen sie sich ihrer Herkunft verpflichtet – und merken doch, dass sie den Ansprüchen der Familie nicht mehr genügen können beziehungsweise wollen.

WELT ONLINE: Den weitesten Weg ist wohl die älteste Tochter gegangen, eine Medizinstudentin, die einen Deutschen heiratete, von dem sie sich auch noch scheiden lassen will.

Dorn: Bildung heißt in erster Linie, dass man imstande ist, in Freiheit leben zu können. Die Entwicklung zum selbstbewussten und selbstbestimmten Charakter bedeutet aber zwangsläufig den Konflikt mit einer Familie, die versucht, sich in ihren Traditionen einzukapseln.

WELT ONLINE: Diese Familie lebt im Glashaus. So sieht ihr großes Wohnhaus aus, das immer wieder eingeblendet wird.

Ates: Ich erlebe viele solcher Familien. Sie wahren den modernen Schein und sind doch innerfamiliär sehr archaisch.

WELT ONLINE: Sie meinen die Zwangsheirat, denn die jüngere Tochter wird gezwungen, ihren Cousin aus der Türkei zu heiraten.

Ates: Man ist nicht wirklich in der Moderne angekommen, wenn man Werte wie die Gleichheit der Geschlechter nicht akzeptiert. Es reicht nicht, ein erfolgreicher Geschäftsmann zu sein, wie der Vater in unserem Film.

WELT ONLINE: Was ist die Dramaturgie der vier Kinder?

Dorn: Die älteste Schwester hat sich am weitesten von der Familie entfernt, sie ist die emanzipierteste. Ausgerechnet sie wird getötet. Auf ihrem nur wenig jüngeren Bruder lastet der ganze Druck des Vaters und der Firma, als ältester Sohn versucht er, den Junior-Patriarchen zu geben. Eine tragische Figur ist der kleinste Bruder, ein Melancholiker, der am liebsten den ganzen Tag Musik machen würde.

FOTO: PICTURE ALLIANCE / SVEN SIMON

Anwältin Seyran Ates

Und die jüngere Schwester, denn sie muss all die Ansprüche der Familie an weibliche Tugend um so korrekter erfüllen, je vehementer ihre Schwester diese zurückgewiesen hat. Solche Dynamiken kennen wir ja auch aus westlichen Familien. Sicher ist es für viele Deutsche eine fremde Welt, die wir im Film zeigen – dennoch werden sie sich in zentralen Punkten wieder erkennen. Familientragödien auf dem Rücken der Töchter sind ja keine muslimische Erfindung. Erinnern wir uns an Emilia Galotti, Effi Briest. Auch Tony Buddenbrook wird im Familieninteresse zu ihrer ersten Ehe gezwungen.

WELT ONLINE: Ich fand den Vater sehr weich, hin- und hergerissen. Oft auch ahnungslos. Die brutalste Figur ist zweifelsohne die Mutter.

Ates: Es ist bitter, aber diese Frauen sind auch vehemente Trägerinnen der patriarchalischen Strukturen.

Dorn: Und auch das kennen wir doch aus dem Westen: Eine Mutter kann nicht ertragen, dass ihre Tochter dem Freiheitsdrang folgt, den sie in früheren Jahren vielleicht selbst verspürte, aber nicht den Mut hatte, ihm zu folgen. Mich interessiert das Fremde dieser Welt mindestens so wie das Vertraute. Sonst hätte ich gar kein Buch darüber schreiben können.

WELT ONLINE: Sie haben also absichtlich keine rückständige, bäuerliche Familie aus Anatolien gewählt?

Dorn: Ich kann dieses Fernseh-Klischee vom muffigen Knoblauch-Hinterzimmer, in dem angeblich alle Türken in Deutschland leben, nicht mehr sehen. Damit machen wir es uns doch viel zu einfach. Seyran hat mir immer wieder von Fällen erzählt, in denen auch akademisch gebildete Töchter von Zwangsheirat bedroht waren.

Ates: Ich erlebe viele jüngere Frauen, die Abitur machen oder studieren und die verzweifeln, weil die Eltern denken, Freiheit, nach draußen zu gehen, wäre gleichzusetzen mit Prostitution.

WELT ONLINE: Und wir diskutieren immer noch über die Relevanz der Sprache.

Ates: Es ist so peinlich! Man fragt mich, wie wichtig die Sprache sei. Das kommt mir vor, als fragte man mich, ob ich glaubte, die Erde sei rund oder immer noch dächte, sie wäre eine Scheibe.

WELT ONLINE: Können Sie überhaupt mit dem Integrationsbegriff etwas anfangen?

Ates: Als Deutsche (lacht) sehr wenig. Es geht darum, dass wir zusammen leben. Das Wort spaltet unsere Gesellschaft in diejenigen, die integriert werden sollen und die, die bereits da sind und scheinbar nichts tun müssen. Zusammenleben aber bedeutet, dass beide Seiten sich aufeinander zu bewegen. Man sollte sich von dem Wort verabschieden.

WELT ONLINE: Sie prägten den Begriff der Deutschländer, weil Sie...

Ates: ... weil ich die Formulierung „mit Migrationshintergrund" ganz schrecklich finde. Das beleidigt mich. Das führt geradewegs zu der Frage, die man mir jedes Jahr aufs Neue im Sommer stellt: „Machen Sie dieses Jahr wieder Urlaub in Ihrer Heimat?" Aber meine Heimat ist Deutschland! Demnächst werde ich die alle namentlich notieren (lacht).

WELT ONLINE: Heimat bringt alles zum Schwingen, was vorher wie Zementblöcke lag, nicht wahr?

Dorn: Schauen wir nach Amerika, immer schon Einwanderungsland. Die allermeisten, die dort hingehen, sagen nicht: „Was geht mich das Land an, nach vier Jahren Fließband bin ich sowieso wieder zurück in meiner Heimat." In Deutschland dagegen herrschte viel zu lange ein komplementäres Missverständnis: Man verstand sich selbst nicht als Einwanderungsland – und die „Gastarbeiter" verstanden sich tatsächlich eher als „Gastarbeiter" denn als echte Einwanderer.

Ates: Meine Eltern sind nicht aufgebrochen, um hier eine neue Heimat zu suchen. Als sie1988 zurückgingen, sagten sie: „Unsere Heimat ist die Türkei, eure aber ist Deutschland geworden." Dafür bin ich meinen Eltern sehr dankbar. In unserem „Tatort" erleben wir eine Familie, die sich zwar in Deutschland erfolgreich niedergelassen hat, aber innerlich noch in der Türkei lebt, zumindest die Eltern. Sie sprechen von Werten, die es in der deutschen Gesellschaft angeblich gar nicht mehr gibt. Und sie fühlen sich besser als die Deutschen und merken nicht, wie rassistisch sie dabei sind.

WELT ONLINE: Im ganzen Film besteht kein Kontakt zum Alltag in Deutschland.

Dorn: Wie können Sie den deutschen Ehemann vergessen, der sich so begeistert in die türkische Familie hineinintegriert?! Er sagt den bezeichnenden Satz: „Zum ersten Mal hatte ich wirklich eine Familie." Er genießt das Leben in dem warmen, vollen Nest, in dem es immer etwas zu essen gibt.

WELT ONLINE: Wem ist diese Figur eingefallen?

Ates: Die haben wir gemeinsam entwickelt. Ich kenne diesen Typ deutscher Männer recht gut. Thea und ich, wir haben viel, viel miteinander geredet. Ich habe sie mitgenommen auf Hochzeiten, Henna-Nächte, nach Kreuzberg, habe sie mit Leuten bekannt gemacht, sie hat auch meine Großfamilie kennengelernt.

Dorn: Bei vielen dieser Veranstaltungen war ich unter 300 Leuten die einzige ohne Migrationshintergrund. Lustig, wenn ich dann am nächsten Tag wieder mal in der taz las, es gäbe keine Parallelgesellschaften.

Ates: Es gibt zudem viele deutsche Frauen, die sich in der muslimischen Welt zuhause fühlen und deshalb konvertieren. Sie finden dort etwas, was sie in ihrer deutschen Familie vermisst haben.

WELT ONLINE: Das Haus hat auch etwas von einem Raumschiff. Es ist gelandet, steht da. Im Nirgendwo.

Dorn: Was bringt es, wenn man sein anatolisches Dorf nach Berlin mitnehmen will? Wenn ich höre, dass eine türkische Selbsthilfegruppe im Jahre 2009 „Unser neues Dorf" heißt, kriege ich die Krise. „Wir leben jetzt in der Stadt!" – so müsste es doch heißen.

WELT ONLINE: Deutschland ist Ihre Heimat, Frau Ates?

Ates: Ja, und dieses Land kann nicht alles falsch gemacht haben, denn schließlich brachte es Menschen wie mich hervor. Wir sind aber noch eine Minderheit. Dass ich mich politisierte und einen starken Freiheitsdrang habe, das habe ich Deutschland zu verdanken. Die Gleichheit der Geschlechter wurde mir hier vorgelebt. Bildung habe ich in der Schule erfahren, denn meine Eltern waren „bildungsfern", meine Mutter sogar

Analphabetin. Ich hatte Deutsche als Vorbilder, die mir die Welt erklärten, Lehrer, Lehrerinnen, Sozialarbeiter. Dafür bin ich diesem Land sehr dankbar. Was mir aber für mein absolutes Glück immer fehlte und noch fehlt, ist die Selbstverständlichkeit, als Seyran Ates wahrgenommen zu werden, und nicht als „die Frau mit Migrationshintergrund". Dieses besondere Gefühl, Mensch zu sein, nur Mensch zu sein, verspürte ich 1986 bei meinem ersten Besuch in den USA.

WELT ONLINE: Sehen Sie Fortschritte in Deutschland?

Ates: Schon, im Film, in den Komödien, im Humor, der ein unglaublicher Lehrmeister ist. Das Leben, das schwierige Leben, wird sichtbar in den Medien, und das ist ein riesiger Fortschritt.

Dorn: Unsere Konsensgesellschaft verhindert es, dass wir Konflikte klar benennen. Bei uns kriegt der Bote einer schlechten Nachricht schnell eins drübergezogen, während man in konfliktfreudigeren Ländern sagt: „Ich will mehr wissen, ich will streiten!"

WELT ONLINE: Was wird mit den archaischen Lebenswelten geschehen?

Ates: Einzelne werden weiter aus den Familien aussteigen, sie werden ausbrechen, ohne ihre Herkunft zu verleugnen. Dafür gibt es viele Beispiele. In der Regel ziehen die Unruhestifter die anderen mit. Ich beobachte Frauen und Männer, die ausbrachen, und nach Jahrzehnten erlebt man auch bei den Älteren ihrer Familie eine gewisse Weichheit, wenn sie sehen, die Kinder sind nicht in der Gosse gelandet. Die Töchter sind in die deutsche Welt gegangen und keine Monster geworden, sondern Akademikerinnen, die gutes Geld verdienen und in der Gesellschaft Anerkennung finden. Der Erfolg der Kinder überwältigt die Familien.

Dorn: Im Film glauben wir an das aufklärerische Moment der Katastrophe. Der letzte Kameraschwenk geht über die entsetzten Gesichter der Familie. Niemand wollte den Tod der Tochter wirklich. Vielleicht löst die Katastrophe einen Prozess des Nachdenkens aus: Was tut der Tugend- und Konformitätsterror unseren Kindern eigentlich an? Sollten wir sie nicht in ein freieres Leben entlassen? Ja, wir erzählen eine furchtbare Geschichte. Aber wir versinken nicht in Hoffnungslosigkeit.

WELT ONLINE: Sie beide sind in gewisser Weise auch Programm.

Dorn: Wir sind ein utopisches Modell. Schauen Sie sich unsere Herkünfte an – es war mehr als unwahrscheinlich, dass wir eines Tages zusammen einen „Tatort" schreiben würden. Dass wir es tun konnten und getan haben, ist ein großer Erfolg.

Das Gespräch moderierte Andrea Seibel

Der Tatort „Familienaufstellung" läuft am Sonntag, dem 8. Februar, um 20.15 Uhr in der ARD

Zeitfracht Medien GmbH
Ferdinand-Jühlke-Straße 7
99095 Erfurt, Deutschland
produktsicherheit@kolibri360.de